梁啓超 著

飲冰室合集

文集

第一册

中華書局

圖書在版編目(CIP)數據

飲冰室合集:典藏版:全40册/梁啓超著. —北京:中華書局,2015.1(2024.9重印)
ISBN 978-7-101-09490-9

Ⅰ.飲… Ⅱ.梁… Ⅲ.梁啓超(1873~1929)-文集
Ⅳ.B259.11-53

中國版本圖書館CIP數據核字(2013)第153780號

責任編輯:歐陽紅
裝幀設計:劉 麗
責任印製:陳麗娜

飲冰室合集(典藏版)
(全四十册)
梁啓超 著
*
中華書局出版發行
(北京市豐臺區太平橋西里38號 100073)
http://www.zhbc.com.cn
E-mail:zhbc@zhbc.com.cn
北京建宏印刷有限公司印刷
*
920×1250毫米 1/32·353½印張·82插頁·8500千字
2015年1月第1版 2024年9月第6次印刷
印數:4601-4900册 定價:2180.00元

ISBN 978-7-101-09490-9

出版説明

梁啓超（一八七三——一九二九）字卓如，號任公，别號飲冰室主人，中國近代著名的政治家、思想家和學者。梁氏學識淵博，著述豐富，其價值已超出具體學科領域，具有更爲廣泛的思想文化意義。

《飲冰室合集》編於一九二九年梁氏逝世後，是梁啓超唯一授權的著述集成，堪稱梁氏思想文化探索與貢獻的集大成之本。雖然在此前後出現過衆多梁著版本，但它們都不能取代《合集》的典範意義。該本於一九三六年由中華書局出版，充分體現了梁啓超與中華書局的密切聯繫和長久友誼。

二〇一三年是梁啓超誕辰一百四十周年，中華書局耗時年許，特推出《飲冰室合集》典藏版。典藏版恢復初版原貌，分裝四十册，在對經典版本的紀念中增加使用的便利；放大開本與版心，重選底本，限量精印，製作更加考究；同時，回顧梁氏與書局數十年的交往與梁著在中華書局的出版情况，編印成册，披露了不少珍貴圖片和檔案資料，增添了史料價值。

謹以此書紀念這位文化精英爲人類做出的偉大貢獻。

中華書局編輯部

任公五十五歲像
丁卯元旦造
其年二月
像主自題

梁啓超字卓如號任公廣東新會人年十六入學海堂爲正科生十九入萬木草堂甲午以後加入國事運動年廿四𠛬時務報於上海翌年冬主講長沙時務學堂年廿六值戊戌政變走日本又二年自檀香山赴唐才常漢口之役抵滬而事敗避地澳洲旋適日本四十歲始歸國參與民國新政洪憲及復辟兩役奔走反抗甚力歐戰起主張加入協約國年四十六漫游歐洲翌年東歸萃精力於講學著述卒於民國十八年己巳溯生於同治十二年癸酉得年五十六乙亥冬啓勳謹記

飲冰室合集序

任公先生之學凡數變早歲從事舉業既問學南海則治經史及宋明儒之書任公自謂生平于訓詁詞章外知有學問自茲始顧于『僞經』『改制』之說實非所甚喜稍久輒棄去北游京師始廣讀譯本地理歷史政治諸書交夏穗卿譚復生吳季清鐵樵父子則一時喜談龔魏之學亦涉獵佛教經論值甲午戰敗割臺灣澎湖列島賠款二萬萬兩奇辱劇痛所激乃蹶起爲政治運動戊戌政變去死一間既亡命外國三年之間奔走南洋澳洲夏威夷及港滬諸地爲實行之革命家迨由美返日本思想乃一變時湯明水好言理財任公與明水同居須磨過從最密以故思想亦趨於同一之塗徑歸國以後反帝制討復辟及主參加歐戰皆政績之可紀者而實于幣制財政致力特勤歐戰後游歷各國歸乃一轉而爲講學生活遂以是終其身

以論任公先生之時代當同光間社會組織與百年以前無大異而學術界則爲乾嘉道咸以後最衰落之一期攷證之學已盛極而徵舉世所心營目追者惟帖括之業四

子書五經通鑑文選之類熟讀之已足爲通人目耕齋三集八股文由束髮就傅以至登巍科掇高第內入詞林外宰百里皆以是爲階梯蓋師以是教弟子以是習不知帖括以外尚有所謂學也以言當時之物質環境則凡鐵路輪船工廠之屬俱在草創視諸今日且遠不逮報紙僅有一外商經營之申報所載如官場新聞闈墨課藝等亦與今之所謂報紙異讀書燃油燈光熒熒如豆燈下作卷摺楷字日東出月西落晝夜四時之分不能盡道其故如是者爲當時之士大夫

際此鄙僿怐陋舉世昏睡之日任公獨奮然以力學經世爲己任其涉覽之廣衍於新故蛻變之交殆欲吸收當時之新知識而集于一身文字思想之解放無一不開其先路其始也言舉世所不敢言爲舉世所未嘗爲而卒之登高之呼聾發瞶振雖老成夙學亦相與驚愕而漸卽於傾服所謂思想界之陳涉視同時任何人其力量殆皆過之而任公則自謂其在思想界破壞力不少而建設則未聞凡自加評判之語見於集中者以吾所知同儕及先輩自知之明自責之嚴鮮有過之者此則任公之至不可及者已

知任公者則知其爲學雖數變而固有其堅密自守者在卽百變不離于史是觀已其髫年卽喜讀史記漢書居江戶草中國通史（此書未成殘稿尚在）又欲草世界史及政治史文化史等所爲文如中國史敍論新史學及傳記學案乃至傳奇小說皆涵史性其歷史研究法則其治史之方法論而政治思想史美文及其歷史近三百年學術史佛教史諸篇皆爲文化史之初稿如戴東原之原象原善學禮篇（東原文集中記冕服記爵弁等十三篇卽學禮篇未成之稿）水地記諸篇皆七經小記之初稿也戴氏之於七經小記朝夕常言之欲爲此以治經也任公先生之於文化史亦朝夕常言之欲爲此以治史任公先生之於史猶之秦味經之於禮旁綜九流無所不賅惜乎時丁喪亂而天又奪其壽雖爲文數百萬言而蘊蓄未宣者當或倍之邇者中國社會史問題論戰方始任公不及參與討論焉卽此已不可謂非學術界之一損失耳

任公之爲人款摰而坦易胸中豁然無所蓋覆與人言傾囷竭廩懇懇焉惟慮其不盡世每稱其文字之闓豁通徹感人特深實其性情使然也其哀時憂國之念則至老不稍衰當民國四年日本提出廿一條要求十四年滬案交涉諸役文電之留于今者讀

之尚凛凛然有生氣今者國難當前其艱鉅十百倍于曩日而士氣苶然卽以文字論亦無復義憤內發勇邁直前之槪於以知任公之不可及斯人也國之元氣實鍾厥躬今遂不可復見矣任公既卒知友在北平者屬余爲編輯遺稿并訂定巳印諸集知弗堪任而卒不克辭是殆後死之責矣任公病中自謂吾年得至六十當删定生平所爲文使稍稍當意卽以自壽蓋不知其遂不起也今年任公而在蓋六十歲而乃使余詮次斯集每欲有所商搉是正獨不能起任公於九原而問之烏乎其可傷也巳

民國二十一年八月後死友林志鈞

原序

擎一編余數年來所爲文將彙而布之余曰惡惡可吾輩之爲文豈其欲藏之名山俟諸百世之後也應於時勢發其胸中所欲言然時勢逝而不留者也轉瞬之間悉爲芻狗況今日天下大局日接日急如轉巨石於危崖變異之速匪翼可喩今日一年之變率視前此一世紀猶或過之故今之爲文只能以被之報章供一歲數月之適鐸而已過其時則以覆瓿焉可也雖泰西鴻哲之著述皆當以此法讀之而況乎末學膚受如鄙人者偶有論述不過演師友之口說拾西哲餘唾寄他人之腦之舌於我筆端而已而世之君子或奬借之謬以廁於作者之林非直鄙人之慚抑亦一國之恥也昔楊子雲每著一篇悔其少作若鄙人者無藏山傳世之志行吾心之所安固靡所云悔雖然以吾數年來之思想已不知變化流轉幾許次每數月前之文閱數月後讀之已自覺期期以爲不可況乃丙申丁酉間之作至今偶一檢視輒欲作嘔否亦汗流浹背矣一二年後視今日之文亦當若是烏可復以此戔戔者爲梨棗劫也擎一曰雖然先生之

文公於世者抑已大半矣縱自以爲不可而此物之存在人間者亦既不可得削不可得洒而其言亦皆適於彼時勢之言也中國之進步亦緩矣先生所謂芻狗者豈遂不足以爲此數年之用而零篇斷簡散見報紙或欲求而未得見或既見而不獲存國民以此相憾者亦多矣先生之所以委身於文界欲普及思想爲國民前途有所盡也使天下學者多憾之枉等實尸其咎矣亦豈先生之志哉余重違其言且自念最錄此以比較數年來思想之進退用此自鞭策計亦良得遂頷焉擎一乞自序草此歸之西哲恆言謬見者眞理之母也是編或亦可爲他日新學界眞理之母乎吾以是解嘲

壬寅十月梁啓超

例言

一 飲冰室集始印於光緒二十八年何君擎一編上海廣智書局出版爲編年體其第二次光緒三十一年印於東京金港堂由上海商務印書館發行此次廢編年用分類第三次亦三十一年廣智書局出版用分類體第四次民國四年由中華書局印行用分類體第五次民國五年由商務印書館印行名曰叢著收新民説德育鑑等凡十三種第六次民國十四年梁廷燦編上海中華書局印行以時代先後分爲五集每集所錄文以性質略爲區分

二 本編以編年爲主搜集已印未印諸作分兩大類甲類文集附詩詞題跋壽序祭文墓誌等乙類專著附門人筆記若干種約以時代先後爲次專著中又各自爲類而第其年次前印各集年次有疎舛者亦均詳爲訂正藉可窺見作者思想之發展及三十年來政局及學術界轉變之迹

三 全書據初印舊本覆校其有手稿者則悉依原稿校定專著各種間有釐訂之處

楊君遇夫陳君寅恪相助之力爲多

四　殘稿若干篇皆確認爲未定稿或已廢棄之作始不入集仍編存目附於目後使後之人有考焉

飲冰室合集目錄

林志鈞編

文集目錄　第一册

文集目錄 第二冊

文集目録　第三册

（八）中國改革財政私案 清光緒二十八年……一

文集目録　第四册

（十）

文集目錄　第五册

(十二)生計學學說沿革小史 清光緒二十八年

文集目錄　第六册

文集目錄　第七册

文集目錄 第八册

文集目錄　第九册

文集目錄　第十册

文集目錄　第十一册

文集目錄　第十二册

文集目錄　第十三册

文集目錄　第十四册

文集目錄　第十五册

碑帖跋

文集目錄　第十六册

（四十四下）書籍跋

書跋

畫跋

詞

飲冰室文集之一

變法通議

自序

法何以必變。凡在天地之間者莫不變。晝夜變而成日。寒暑變而成歲。大地肇起。流質炎炎。熱鎔冰遷。累變而成地球。海草螺蛤。大木大鳥。飛魚飛鼉。袋獸脊獸。彼生此滅。更代迭變。而成世界。紫血紅血。流注體內。呼炭吸養。刻刻相續。一日千變。而成生人。藉曰不變。則天地人類。並時而息矣。故夫變者。古今之公理也。貢助之法。變爲租庸調。租庸調變爲兩稅。兩稅變爲一條鞭。井乘之法。變爲府兵。府兵變爲彍騎。彍騎變爲禁軍。學校升造之法。變爲薦辟。薦辟變爲九品中正。九品變爲科目。上下千歲。無時不變。無事不變。公理有固然。非夫人之爲也。爲不變之說者。動曰守古守古。庸詎知自太古上古中古近古以至今日。固已不知萬百千變。今日所目爲古法而守之者。其於古人之意。相去豈可以道里計哉。今夫自然之變。天之道也。或變則善。或變則敝。有人道焉。則智者之所審也。語曰。學者上達。不學下達。惟治亦然。委心任運。聽其流變。則日趨於敝。振刷整頓。斟酌通變。則日趨於善。吾揆之於古。一姓受命。剏法立制。數葉以後。其子孫之所奉行。必有以異於其祖父矣。而彼君民上下。猶僩焉以爲吾今日之法。吾祖前者以之治天下而治。薾然守之。因循不察。漸移漸變。百事廢弛。卒至疲敝。不可收拾。代興者審其敝而變之。斯爲新王矣。苟其子孫達於此義。自審其敝而自變之。斯號中興矣。漢唐中興。斯固然矣。詩曰。周雖舊邦。其命維新。言治舊國必用新法也。其事甚順。其義至明。有可爲之機。有可取之法。有不得不行之勢。有不容少緩之故。爲不變之說者。猶曰守古守古。坐視其因循廢弛。而漠然無所動於中。嗚呼。可不謂大惑不解者乎。易曰。窮則變。變則通。通則久。伊尹曰。用其新。去其陳。病乃不存。夜不炳燭則昧。冬不御裘則寒。渡河而乘陸車者危。易證而嘗舊方者死。今專標斯義。大聲疾呼。上循士訓誦訓之遺。下依矇諷鼓諫之義。言之無罪。聞者足興。爲六十篇。分類十二。知我罪我。其無辭焉。

論不變法之害

今有巨廈。更歷千歲。瓦墁毀壞。榱棟崩折。非不枵然大也。風雨猝集。則傾圮必矣。而室中之人。猶然酣嬉鼾臥。漠然無所聞見。或則覩其危險。惟知痛哭。束手待斃。不思拯救。又其上者。補苴罅漏。彌縫蟻穴。苟安時日。以覬有功。此三人者。用心不同。漂搖一至。同歸死亡。善居室者。去其廢壞。廓清而更張之。鳩工庀材。以新厥搆。圖始雖艱。及其成也。輪焉奐焉。高枕無憂也。惟國亦然。由前之說罔不亡。由後之說罔不强。

印度大地最古之國也。守舊不變。夷爲英藩矣。突厥地跨三洲。立國歷千年。而守舊不變。爲六大國執其權分其地矣。非洲廣袤三倍歐土。內地除沙漠一帶外。皆植物饒衍。畜牧繁盛。土人不能開化。拱手以讓强敵矣。波蘭爲歐西名國。政事不修。內訌日起。俄普奧相約。擇其肉而食矣。中亞洲回部。素號驍悍。善戰鬭。而守舊不變。俄人鯨呑蠶食。殆將盡之矣。越南緬甸高麗。服屬中土。漸染習氣。因仍弊政。薾靡不變。漢官威儀。今無存矣。今夫俄宅苦寒之地。受蒙古鈐轄。前皇殘暴。民氣凋喪。岌岌不可終日。自大彼得游歷諸國。學習工藝。歸而變政。後王受其方略。國勢日盛。闢地數萬里也。今夫德列國分治。無所統紀。爲法所役。有若奴隸。普人發憤興學練兵。遂蹶强法。霸中原也。今夫日本幕府專政。諸藩力征。受俄德美大創。國幾不國。自明治維新。改弦更張。不三十年。而奪我琉球。割我臺灣也。又如西班牙荷蘭。三百年前。屬地徧天下。而內治稍弛。遂卽陵弱。國度夷爲四等。暹羅處緬越之間。同一綿薄。而稍自振厲。則巋然尚存。記曰。不知來視諸往。又曰。前車覆。後車戒。大地萬國。上下百年間。强盛弱亡之故。不爽累黍。蓋其幾之可畏如此也。

中國立國之古。等印度。土地之沃。邁突厥。而因沿積弊。不能振變。亦伯仲於二國之間。以故地利不闢。人滿爲患。河北諸省。歲雖中收。猶道殣相望。京師一冬。死者千計。一有水旱。道路不通。運賑無術。任其塡委。十室九空。濱海小民。無所得食。逃至南洋美洲諸地。鬻身爲奴。猶被驅迫。喪斧以歸。馴者轉於溝壑。黠者流爲盜賊。教匪會匪。蔓延九州。伺隙而動。工藝不興。商務不講。土貨日見減色。而他人投我所好。製造百物。暢銷內地。漏巵日甚。脂膏將枯。學校不立。學子於帖括外。一物不知。其上者考據詞章。破碎相尚。語以瀛海。瞠目不信。又得官甚難。治生無術。習於無恥。嘗不知怪。兵學不講。綠營防勇。老弱癖煙。兇悍騷擾。無所可用。一旦軍興。臨事募集。半屬流丐。器械窳苦。餉糈微薄。偏裨以上。流品猥雜。一字不識。無論讀圖。營例不諳。無論兵法。以此與他人學問之將。紀律之師相遇。百戰百敗。無待交綏。官制不善。習非所用。用非所習。委權胥吏。百弊蝟起。一官數人。一人數官。牽制推諉。一事不舉。保奬曚混。鬻爵充塞。朝爲市儈。夕登顯秩。宦途壅滯。候補窘悴。非鑽營奔競。不能療饑。俸廉微薄。供億繁浩。非貪汚惡鄙。無以自給。限年繩格。雖有奇才。不能特達。必俟其筋力既衰。暮氣將深。始任以事。故肉食盈廷。而乏才爲患。法弊如此。雖敵國外患。晏然無聞。君子猶或憂之。況於以一羊處羣虎之間。抱火厝之積薪之下。而寢其上者乎。

孟子曰。國必自伐。然後人伐之。又曰。未聞以千里畏人者也。又曰。能治其國家。誰敢侮之。中國戶口之衆。冠於大地。幅員式廓。亦俄英之亞也。礦產充溢。積數千年未經開采。土地沃衍。百植並宜。國處溫帶。其民材智。君權統一。欲有興作。不患阻撓。此皆歐洲各國之所無也。夫以舊法之不可恃也如彼。新政之易為功也又如此。何舍何從。不待智者可以決矣。

難者曰。今日之法。匪今伊昔。五帝三王之所遞嬗。三祖八宗之所詒謀。累代率由。歷有年所。必謂易道。乃可為治。非所敢聞。釋之曰。不能創法。非聖人也。不能隨時。非聖人也。上觀百世。下觀百世。經世大法。惟本朝為善變。入關之初。即下薙髮之令。頂戴翎枝。端罩馬褂。古無有也。則變服色矣。用達海創國書。借蒙古字以附滿洲音。則變文字矣。用湯若望羅雅谷作憲書。參用歐羅巴法。以改大統曆。則變曆法矣。聖祖皇帝永免滋生人口之賦。并入地賦。自商鞅以來。計人之法。漢武以來。課丁之法。無有也。則變賦法矣。舉一切城工河防以及內廷營造。行在治蹕。皆雇民給直。三王於農隙使民。用民三日。且無有也。則變役法矣。平民死刑。別為二等。曰情實。曰緩決。猶有情實而不予句者。仕者罪雖至死。而子孫考試入仕如故。如前代所沿夷三族之刑。發樂籍之刑。言官受廷杖。下鎮撫司獄之刑。更無有也。則變刑法矣。至於國本之說。歷代所重。自理密親王之廢。世宗創為密緘之法。高宗至於九降綸音。編為儲貳金鑑。為世法戒。而瞢儒始知大計矣。巡幸之典。諫臣所爭。而聖祖高宗皆數幸江南。木蘭秋獮。歲歲舉行。昧者或疑之。至仁宗貶謫松筠。宣示講武習勞之意。而庸臣始識苦心矣。漢魏宋明。由旁支入繼大統者。輒議大禮。斷斷爭訟。高宗援據禮經。定本生父母之稱。取葬以士。祭以大夫之義。聖人制禮。萬世不易。觀於醇賢親王之禮。而天下翕然稱頌矣。凡此皆本朝變前代之法善之又善者也。至於二百餘年重熙累洽。因時變制。未易縷數。數其犖犖大者。崇德以前。以八貝勒分治所部。太宗與諸兄弟朝會則共坐。餉用則均出。俘虜則均分。世祖入關。始嚴天澤之分。裁抑諸王驕蹇之習。遂壹寰宇。詒謀至今矣。累朝用兵拓地數萬里。膺閫外之寄。多用滿蒙。逮文宗而兼用漢人。輔臣文慶力贊成之。而曾左諸公遂稱名將矣。八旗勁旅。天下無敵。既削平前三藩。後三藩。乾隆中屢次西征。猶復簡調前往。朝馳羽檄。夕報捷書。逮宣宗時。而知索倫兵不可用。三十年來。殲蕩流寇。半賴召募之勇以成功。而同治遂號中興矣。內而治寇。始用堅壁清野之法。一變而爲長江水師。再變而爲防河圈禁矣。外而交鄰。始用閉關絕市之法。一變而迪商者十數國。再變而命使者十數國矣。此又以本朝變本朝之法者也。吾聞聖者慮時而動。使聖祖世宗生於今日。吾知其變法之銳。必不在大彼得（俄皇名）。威廉第一（德皇名）。睦仁（日皇名）之下也。記曰。法先王者法其意。今泥祖宗之法。而戾祖宗之意。是烏得爲善法祖矣乎。

中國自古一統。環列皆小蠻夷。但虞內憂。不患外侮。故防弊之意多。而興利之意少。懷安之念重。而慮危之念輕。秦後至今垂二千年。時局匪有大殊。故治法亦可不改。國初因沿明制。稍加損益。稅斂極薄。征役幾絕。取士以科舉。雖不講經世。而足以颺太平。選將由行伍。雖未嘗學問。然足以威萑苻。任官論資格。雖不得異材。而足以止奔競。天潢外戚。不與政事。故無權奸僭恣之虞。督撫監司。互相牽制。故無藩鎮跋扈之患。使能閉關畫界。永絕外敵。終古爲獨立之國。則墨守斯法。世世仍之。稍加整頓。未嘗不足以治天下。而無如其忽與泰西諸國相遇也。泰西諸國並立。大小以數十計。狡焉思啓。互相猜忌。稍不自振。則滅亡隨之矣。故廣設學校。獎勵學會。懼人才不足。而國無與立也。振興工藝。保護商業。懼利源爲人所奪。而國以窮蹙也。將必知學。兵必識字。日夜訓練。如臨大敵。船械新製。爭相駕尚。懼兵力稍弱。一敗而不可振也。自餘庶政。罔不如是。日相比較。日相磨厲。故其人之才智。常樂於相師。而其國之盛强。常足以相敵。蓋舍是不能圖存也。而所謂獨立之國者。目未見大敵。侈然自尊。謂莫己若。又欺其民之馴弱而淩牿之。慮其民之才智而束縛之。積弱陵夷。日甚一日。以此遇彼。猶以敝癰當千鈞之弩。故印度突厥法（突厥居歐東五十年前未與英法諸國交涉故亦爲獨立之國）之覆轍不絕於天壤也。

難者曰。法固因時而易。亦因地而行。今子所謂新法者。西人習而安之。故能有功。苟遷其地。則弗良矣。釋之曰。泰西治國之道。富强之原。非振古如玆也。蓋自百年以來焉耳。舉官新制。起於嘉慶十七年。（先是歐洲舉議院及地方官惟擁厚貲者能有此權是年拿破崙變西班牙之政始令人人可以舉官）民兵之制。起於嘉慶十七年。工藝會所起於道光四年。農學會起於道光二十八年。國家撥款以興學校。起於道光十三年。報紙免稅之議。起於道光十六年。郵政售票。起於道光十七年。輕減刑律。起於嘉慶二十五年。汽機之制。起於乾隆三十四年。行海輪船。起於嘉慶十二年。鐵路起於道光十年。電線起於道光十七年。自餘一切保國之經。利民之策。相因而至。大率皆在中朝嘉道之間。蓋自法皇拿破崙倡禍以後。歐洲忽生動力。因以更新。至其前此之舊俗。則視今日之中國無以遠過。（英人李提摩太近譯泰西新史攬要言之最詳）惟其幡然而變。不百年間。乃浡然而興矣。然則吾所謂新法者。皆非西人所故有。而實爲西人所改造。改而施之西方。與改而施之東方。其情形不殊。蓋無疑矣。況蒸蒸然起於東土者。尚明有因變致强之日本乎。

難者曰。子言辯矣。然伊川被髮。君子所歎。用彝變夏。究何取焉。釋之曰。孔子曰。天子失官。學在四彝。春秋之例。彝狄進至中國則中國之。古之聖人。未嘗以學於人爲慚德也。然此不足以服吾子。請言中國。有土地焉。測之繪之。化之分之。審其土宜。教民樹藝。神農后稷。非西人也。度地居民。歲杪制用。夫家衆寡。六畜牛羊。纖悉書之。周禮王制。非西書也。八歲入小學。十五就大學。升造爵官。皆俟學成。庠序學校。非西名也。謀及卿士。謀及庶人。國疑則詢。國遷則詢。議郎博士。非西官也。漢制博士與議郎議大夫同主論議國有大事則承問即今西人議院之意流宥五刑。疑獄衆共。輕刑之法。陪審之員。非西律也。三老嗇夫。由民自推。辟署功曹。不用他郡。鄉亭之官。非西秩也。爾無我叛。我無强賈。商約之文。非西史也。交鄰有道。不辱君命。絕域之使。非西政也。邦有六職。工與居一。國有九經。工在所勸。保護工藝。非西例也。當宁而立。當扆而立。禮無不答。旅揖士人。禮經所陳。非西制也。天子巡守。以觀民風。皇王大典。非西儀也。地有四游。地動不止。日之所生爲星。讖緯雅言。非西文也。腐水離木。均髮均縣。臨鑑立景。蜕水謂氣。電緣氣生。墨翟亢倉關尹之徒。非西儒也。故夫法者天下之公器也。徵之域外則如彼。考之前古則如此。而議者猶曰彝也彝也。而棄之。必舉吾所固有之物。不自有之。而甘心以讓諸人。又何取耶。

難者曰。子論誠當然。中國當敗衄之後。窮蹙之日。慮無餘力。克任此舉。强敵交逼。眈眈思啓。亦未必能吾待也。釋之曰。日本敗於三國。受迫通商。反以成維新之功。法敗於普。爲城下之盟。償五千兆福蘭格。割奧斯鹿林兩省。此其痛創。過於中國今日也。然不及十年。法之盛强。轉逾疇昔。然則敗衄非國之大患。患不能自强耳。孟子曰。國家閒暇。及是時。明其政刑。雖大國必畏之矣。又曰。國家閒暇。及是時。般樂怠敖。是自求禍也。泰西各國。磨牙吮血。伺於吾旁者。固屬有人。其顧惜商務。不欲發難者。亦未始無之。徒以我晦盲太甚。厲階孔繁。用啓戎心。亟思染指。及今早圖。示萬國以更新之端。作十年保太平之約。亡羊補牢。未爲遲也。

天下之爲說者動曰。一勞永逸。此誤人家國之言也。今夫人一日三食。苟有持說者曰。一食永飽。雖愚者猶知其不能也。以飽之後。歷數時而必飢。飢而必更求食也。今夫立法以治天下。則亦若是矣。法行十年。或數十年。或百年而必敝。敝而必更求變。天之道也。故一食而求永飽者必死。一勞而求永逸者必亡。今之為不變之說者。實則非眞有見於新法之為民害也。夸毘成風。憚於興作。但求免過。不求有功。又經世之學。素所未講。內無宗主。相從吠聲。聽其言論。則日日痛哭。讀其詞章。則字字孤憤。叩其所以圖存之道。則眙然無所為對。曰天心而已。國運而已。無可為而已。委心袖手。以待覆亡。噫。吾不解其用心何在也。

要而論之。法者天下之公器也。變者天下之公理也。大地既通。萬國蒸蒸。日趨於上。大勢相迫。非可閼制。變亦變。不變亦變。變而變者。變之權操諸已。可以保國。可以保種。可以保教。不變而變者。變之權讓諸人。束縛之。馳驟之。嗚呼。則非吾之所敢言矣。是故變之途有四。其一。如日本自變者也。其二。如突厥他人執其權而代變者也。（埃及高麗等國皆是）其三。如印度見併於一國而代變者也。（越南緬甸等國皆是）其四。如波蘭見分於諸國而代變者也。吉凶之故。去就之間。其何擇焉。詩曰。嗟我兄弟。邦人諸友。莫肯念亂。誰無父母。傳曰。嫠婦不恤其緯。而憂宗周之隕。為將及焉。此固四萬萬人之所同也。彼猶太之種。迫逐於歐東。非洲之奴。充斥於大地。嗚呼。夫非猶是人類也歟。

論變法不知本原之害

難者曰。中國之法。非不變也。中興以後。講求洋務。三十餘年。創行新政。不一而足。然屢見敗衄。莫克振救。若是乎新法之果無益於人國也。釋之曰。前此之言變者。非眞能變也。即吾向者所謂補苴罅漏。彌縫蟻穴。漂搖一至。同歸死亡。而於去陳用新。改弦更張之道。未始有合也。昔同治初年。德相畢士麻克語人曰。三十年後。日本其興。中國其弱乎。日人之游歐洲者。討論學業。講求官制。歸而行之。中人之游歐洲者。詢某廠船礮之利。某廠價值之廉。

購而用之。强弱之原。其在此乎。嗚呼。今雖不幸而言中矣。懲前毖後。亡羊補牢。有天下之責者。尚可以知所從也。

今之言變法者。其犖犖大端。必曰練兵也。開礦也。通商也。斯固然矣。然將率不由學校。能知兵乎。選兵不用醫生。任意招募。半屬流丐。體之羸壯所不知。識字與否所不計。能用命乎。將俸極薄。兵餉極微。傷廢無養其終身之文。死亡無卹其家之典。能潔己效死乎。圖學不興。阨塞不知。能制勝乎。船械不能自造。仰息他人。能如志乎。海軍不游弋他國。將卒不習風波。一旦臨敵。能有功乎。如是則練兵如不練。礦務學堂不興。礦師乏絕。重金延聘西人。尚不可信。能盡利乎。機器不備。化分不精。能無棄材乎。道路不通。從礦地運至海口。其運費視原價或至數倍。能有利乎。如是則開礦如不開。商務學堂不立。罕明貿易之理。能保富乎。工藝不興。製造不講。土貨銷場。寥寥無幾。能爭利乎。道路梗塞。運費笨重。能廣銷乎。釐卡滿地。抑勒逗留。朘膏削脂。有如虎狼。能勸商乎。領事不報外國商務。國家不護僑寓商民。能自立乎。如是則通商如不通。其稍進者曰。欲求新政。必興學校。可謂知本矣。然師學不講。教習乏人。能育才乎。科學不改。聰明之士。皆務習帖括。以取富貴。趨舍異路。能俯就乎。官制不改。學成而無所用。投閒置散。如前者出洋學生故事。奇才異能。能自安乎。既欲省府州縣皆設學校。然立學諸務。責在有司。今之守令。能奉行盡善乎。如是則興學如不興。自餘庶政。若鐵路。若輪船。若銀行。若郵政。若農務。若製造。莫不類是。蓋事事皆有相因而至之端。而萬事皆同出於一本原之地。不挈其領而握其樞。猶治絲而棼之。故百舉而無一效也。

今之言變法者。其蔽有二。其一欲以震古鑠今之事。責成於肉食官吏之手。其二則以爲黃種之人。無一可語。委心異族。有終焉之志。夫當急則治標之時。吾固非謂西人之必不當用。雖然。則烏可以久也。中國之行新政也。用西人者。其事多成。不用西人者。其事多敗。詢其故。則曰西人明達。華人固陋。西人奉法。華人營私也。吾聞之日本變法之始。客卿之多。過於中國也。十年以後。按年裁減。至今一切省署。皆日人自任其事。歐洲之人。百不一存矣。今中國之言變法。亦既數十年。而猶然借材異地。乃能圖成。其可恥孰甚也。夫以西人而任中國之事。其愛中國與愛其國也孰愈。夫人而知之矣。況吾所用之西人。又未必爲彼中之賢者乎。

若夫肉食官吏之不足任事。斯固然矣。雖然。吾固不盡爲斯人咎也。帖括陋劣。國家本以此取之。一旦而責以經國之遠猷。烏可得也。捐例猥雜。國家本以此市之。一旦而責以奉公之廉恥。烏可得也。一人之身。忽焉而責以治民。忽焉而責以理財。又忽焉而責以治兵。欲其條理明澈。措置悉宜。烏可得也。在在防弊。責任不專。一事必經數人。互相牽掣。互相推諉。欲其有成。烏可得也。學校不以此敎。察計不以此取。任此者弗賞。弗任者弗罰。欲其振厲黽勉。圖功。烏可得也。途壅俸薄。長官層累。非奔競末由得官。非貪汚無以謀食。欲其忍飢寒。蠲身家。以從事於公義。自非聖者。烏可得也。今夫人之智愚賢不肖。不甚相遠也。必謂西人皆智。而華人皆愚。西人皆賢。而華人皆不肖。雖五尺之童。猶知其非然。而西官之能任事也如彼。華官之不能任事也如此。故吾曰。不能盡爲斯人咎也。法使然也。立法善者。中人之性。可以賢。中人之才。可以智。不善者反是。塞其耳目而使之愚。縛其手足而驅之爲不肖。故一旦有事。而無一人可爲用也。不此之變。而鰓鰓然效西人之一二事。以云自強。無惑乎言變法數十年。而利未一見。弊已百出。反爲守舊之徒。抵其隙而肆其口也。

吾今爲一言以蔽之曰。變法之本。在育人才。人才之興。在開學校。學校之立。在變科舉。而一切要其大成。在變官制。難者曰。子之論探本窮原。靡有遺矣。然茲事體大。非天下才。懼弗克任。恐聞者驚怖其言。以爲河漢。遂並向者一二西法而亦棄之。而不敢道。奈何。子毋甯卑之。無甚高論。令今可行矣。釋之曰。不然。夫渡江者汎乎中流。暴風忽至握舵擊檝雖極疲頓無敢云者以偷安一息而死亡在其後也庸醫疑證用藥游移精於審證者得病源之所在知非此方不愈此疾三年畜艾所弗辭已雖曰難也將焉避之抑豈不聞東海之濱區區三島外受劫盟內逼藩鎮崎嶇多難瀕於滅亡而轉圜之間化弱爲强豈不由斯道矣乎則又烏知乎今之必不可行也有非常之才則足以濟非常之變嗚呼是所望於大人君子者矣

去歲李相國使歐洲問治國之道於德故相俾士麥俾士麥曰我德所以强練兵而已今中國之大患在兵少而不練船械窳而乏也若留意於此二者中國不足强也(見前上海香港各報所譯西文報中)今歲張侍郎使歐與德國某爵員語其言猶俾相言(見前上海某日報)中國自數十年以來士夫已寡論變法即有一二則亦惟兵之爲務以謂外人之長技吾國之急圖只此而已衆口一詞不可勝辨既聞此言也則益自張大謂西方之通人其所論固亦如是梁啓超曰嗟乎亡天下者必此言也吾今持春秋無義戰墨翟非攻宋鈃寢兵之義以告中國聞者必曰以此孱國而陳高義以治之是速其亡也不知使有國於此內治修工商盛學校昌才智繁雖無兵焉猶之强也彼美國是也美國兵不過二萬其兵力於歐洲不能比最小之國而强鄰眈眈誰敢侮之使有國於此內治隳工商窳學校塞才智希雖舉其國而兵焉猶之亡也彼土耳其是也土耳其以陸軍甲天下俄土之役五戰而土三勝焉而卒不免於今日若是乎國之强弱在兵而所以强弱者不在兵昭昭然矣今有病者其治之也則必滌其滯積養其榮衞培其元氣使之與無病人等然後可以及他事此不易之理也今授之以甲冑予之以戈戟而曰爾盍從事焉吾見其舞蹈不終日而死期已至也彼西人之練兵也其猶壯士之披甲冑而執戈鋋也若今日之中國則病夫也不務治病而務壯士之所行故吾曰亡天下者必此言也然則西人曷爲爲此言曰嗟乎狡焉思啓封疆以滅社稷

者。何國蔑有吾深惑乎吾國之所謂開新黨者。何以於西人之言。輒深信謹奉。而不敢一致疑也。西人之政事。可以行於中國者。若練兵也。置械也。鐵路也。輪船也。開礦也。西官之在中國者。內焉聒之於吾政府。外焉聒之於吾有司。非一日也。若變科舉也。興學校也。改官制也。興工藝開機器廠也。獎農事也。拓商務也。吾未見西人之爲我一言也。是何也。練兵而將帥之才。必取於彼焉。置械而船艦槍礮之值。必歸於彼焉。通輪船鐵路。而內地之商務。彼得流通焉。開礦而地中之蓄藏。彼得染指焉。且有一興作。而一切工料。一切匠作。無不仰給之於彼。彼之士民。得以養焉。以故鐵路開礦諸事。其在中國。不得謂非急務也。然自西人言之。則其爲中國謀者十之一。自爲謀者十之九。若乃科舉學校官制工藝農事商務等。斯乃立國之元氣。而致强之本原也。使西人而利吾之智且强也。宜其披肝瀝膽。日日言之。今夫彼之所以得操大權。霑大利於中國者。以吾之弱也。愚也。而烏肯舉彼之所以智所以强之道。而一以畀我也。恫乎英士李提摩太之言也。曰。西官之爲中國謀者。實以保護本國之權利耳。余於光緒十年回英。默念華人博習西學之期。必已不遠。因擬謁見英法德等國學部大臣。請示振興新學之道。以儲異日傳播中華之用。迨至某國。投刺晉謁其學部某大臣。叩問學校新規。並請給一文憑。俾得徧游全國大書院。大臣因問余考察本國新學之意。余實對曰。欲以傳諸中華也。語未竟。大臣艴然變色曰。汝敎華人盡明西學。其如我國何。其如我各與國何。文憑遂不可得。又曰。西人之見華官。每以諛詞獻媚。曰貴國學問。實爲各國之首。以驕其自以爲是之心。而堅其藐視新學之志。必使無以自强而後已。今夫李君。亦西人也。其必非爲讕言以汙衊西人無可疑也。而其言若此。吾欲我政府有司之與西人酬酢者。一審此言也。李相國之過德也。德之官吏及各廠主人。盛設供帳。致敬盡禮。以相款讌。非有愛於相國也。以謂吾所欲購之船艦槍礮。利將不貲。而欲脅肩捷足以奪之也及哭龍姆席閉一語咸始廢然英法諸國大譁笑之然則德人之津津然以練兵置械相勸勉者由他國眎之若見肺肝矣且其心猶有叵測者彼德人固歐洲新造之雄國也又以爲苟不得志於東方則不能與俄英法諸國競强弱也中國之爲俎上肉久矣商務之權利握於英鐵路之權利握於俄邊防之權利握於法日及諸國德以後起越國鄙遠擇肥而噬其道頗難因思握吾邦之兵權制全國之死命故中國之練洋操聘教習也德廷必選知兵而有才者以相畀令其以教習而兼統領之任今歲鄂省武備學堂之聘某德弁也改令祇任教習不允統領而德廷乃至移書總署反覆力爭此其意欲何爲也使吾十八行省各練一洋操各統以德弁教之誨之日與相習月漸歲摩一旦瓜分事起吾國綠營防勇一無所恃而其一二可用者惟德人號令之是聞如是則德之所獲利益乃不在俄英法日諸國下此又德人隱忍之陰謀而莫之或覺者也當中日訂通商條約之際德國某日報云我國恆以製造機器等售諸中國日本日本仿行西法已得製造之要領今若任其再流之中國恐德國之商務掃地盡矣去歲字林西報載某白人來書云昔上海西商爭請中國務須准將機器進口歐格訥公使回國時則謂此事非西國之福今按英國所養水陸各軍專爲擴充商務保護工業起見所費不貲今若以我英向來製造之物而令人皆能製造以奪我利是自作孽也嗚呼西人之言學校商務也則妬我如此其言兵事也則愛我如彼雖負床之孫亦可以察其故矣一鐵甲之費可以支學堂十餘年一快船之費可以譯西書數百卷克虜伯一尊之費可以設小博物院三數所洋操一營之費可以遣出洋學生數十人不此之務而惟彼之圖吾甚惜乎以司農仰屋艱難羅掘所得之金幣而晏然餽於敵國以易其用無可用之物數年之後又成盜糧往車已折來軫方遒獨至語以開民智植人才之道則咸以款項無出玩日愒時而曾不肯舍此一二以就此千

萬也。吾又惑乎變通科舉工藝專利等事。不勞國家銖金寸幣之費者。而亦相率依違。坐視吾民失此生死肉骨之機會。而不肯一導之也。吾它無敢懟焉。吾不得不歸罪於彼族設計之巧。而其言惑人之深也。詩曰。無信人之言。人實誑汝。

學校總論

吾聞之。春秋三世之義。據亂世以力勝。升平世智力互相勝。大平世以智勝。草昧伊始。蹄迹交於中國。鳥獸之害未消。營窟懸巢。乃克相保。力之强也。顧人雖文弱。無羽毛之飾。爪牙之衞。而卒能檻縶兕虎。駕役駝象。智之强也。數千年來。蒙古之種。回回之裔。以虜掠爲功。以屠殺爲樂。屢蹂各國。幾一寰宇。力之强也。近百年間。歐羅巴之衆。高加索之族。藉製器以滅國。借通商以闢地。於是全球十九歸其統轄。智之强也。世界之運。由亂而進於平。勝敗之原。由力而趨於智。故言自强於今日。以開民智爲第一義。

智惡乎開。開於學。學惡乎立。立於教。學校之制。惟吾三代爲最備。家有塾。黨有庠。術有序。國有學。立學之等也。八歲入小學。十五而就大學。入學之年也。六年教之數與方名。九年教之數日。十年學書計。十有三年學樂誦詩。成童學射御。二十學禮。受學之序也。比年入學。中年考校。以離經辨志爲始事。以知類通達爲大成。課學之程也。大學一篇。言大學堂之事也。弟子職一篇。言小學堂之事也。內則一篇。言女學堂之事也。學記一篇。言師範學堂之事也。管子言農工商羣萃而州處。相語以事。相示以功。故其父兄之教不肅而成。其子弟之學不勞而能。是農學工學商學。皆有學堂也。孔子言以不教戰。是謂棄民。晉文始入而教其民。三年而後用之。越王棲於會稽。教訓十年。是兵學有學堂也。其有專務他業。不能就學者。猶以十月事訖。使父老教於校室。見公羊傳宣十五年注有不帥教者。鄉官簡而以告。其視之重而督之嚴也如此。故使一國之內。無一人不受教。無一人不知學。兔罝之野人。可以備干城。小戎之女子。可以敵王愾。販牛之鄭商。可以退敵師。斲輪之齊工。可以語治道。聽輿人之誦。可以定霸。采鄉校之議。可以聞政。舉國之人。與國爲體。塡城溢野。無非人才。所謂以天下之目視。以天下之耳聽。以天下之慮慮。三代盛强。蓋以此也。

馬貴與曰。古者戶口少而才智之民多。今戶口多而才智之民少。余悲其言。雖然。蓋有由也。先王欲其民智。後世欲其民愚。天下既定。敵國外患既息。其所慮者。草澤之豪傑。乘時而起。與議論之士。援古義以非時政也。於是乎爲道以鈐制之。國有大學。省有學院。郡縣有學官。考其名。猶夫古人也。視其法。猶夫古人也。而問其所以爲教。則曰制義也。詩賦也。楷法也。不必讀書通古今。而亦能之。則中材以下。求讀書求通古今者希矣。非此一途。不能自進。則奇才異能之士。不得不輟其所學。以俛焉而從事矣。其取之也無定。其得之也甚難。則倜儻之才。必有十年不第。窮愁蹙歎。銷磨其才氣。而無復餘力以成其學矣。如是則豪傑與議論之士必少。而於馴治天下也甚易。故秦始皇之燔詩書。明太祖之設制藝。遙遙兩心。千載同揆。皆所以愚黔首。重君權。馭一統之天下。弭內亂之道。未有善於此者也。譬之居室。慮其僮僕竊其寶貨。束而縛之。寘彼嚴室。加扃鐍焉。則可以高枕而臥。無損其秋毫矣。獨惜强寇忽至。入門無門。入閨無閨。悉索所有。席卷以行。而受縛之人。徒相對咋舌。見其主之難。而無以爲救也。

凡國之民。都爲五等。曰士、曰農、曰工、曰商、曰兵。士者學子之稱。夫人而知也。然農有農之士。工有工之士。商有商之士。兵有兵之士。農而不士。故美國每年農產值銀三千一百兆兩。俄國値二千二百兆兩。法國値一千八百兆兩。而中國祇值三百兆兩。工而不士。故美國每自創新藝。報官領照者。二萬二百十事。法國七千三百事。英國六千九百事。而中國無聞焉。商而不士。故英國商務價值二千七百四十兆兩。德國一千二百九十六兆兩。法國一千一百七十六兆兩。而中國僅二百十七兆兩。兵而不士。故去歲之役。水師軍船九十六艘。如無一船。榆關防守兵幾三百營。如無一兵。今夫有四者之名。無士之實。則其害且至於此。矧於士而不士。聚千百帖括卷摺考據詞章之輩。於歷代掌故。瞠然未有所見。於萬國形勢。瞢然未有所聞者。而欲與之共天下。任庶官。行新政。禦外侮。其可得乎。

今之言治國者。必曰倣效西法。力圖富強。斯固然也。雖然。非其人莫能舉也。今以有約之國十有六。依西人例。每國命一使。今之周知四國。嫻於辭令。能任使才者。幾何人矣。歐美澳洲日印緬越南洋諸島。其有中國人民僑寓之地。不下四百所。今之熟悉商務。明察土宜。才任領事者。幾何人矣。敎案界務商務。紛紛屢起。今之達彝情。明公法。熟約章。能任總署章京各省洋務局者。幾何人矣。泰西大國。常兵皆數十萬。戰時可調至數百萬。中國之大。練兵最少亦當及五十萬。爲千營。每營營哨官六員。今之習於地圖。曉暢軍事。才任偏裨者。幾何人矣。嫻練兵法。諳習營制。能總大衆。遇大敵。才任統帥者。幾何人矣。中國若整頓海軍。但求與日本相敵。亦須有兵船百四十餘艘。今之深諳海戰。能任水弁者。幾何人矣。久歷風濤。熟悉沙線。堪勝船主大副二副者。幾何人矣。陸軍每營。水師每船。皆需醫師二三人。今之練習醫理。精達傷科。才任軍醫者。幾何人矣。每造鐵路十英里。需用上等工匠二員。次等六十員。今之明於機器。習於工程學。才任工師者。幾何人矣。中國礦產。封鐍千年。得旨開采。設局漸多。今之能察礦苗。化分礦質。才任卝人者。幾何人矣。各省議設商務局以保利權。今之明商理。習商情。才任商董者。幾何人矣能製造器械乃能致强能製造貨物乃能致富今之創新法出新製足以方駕彼族衣被天下者幾何人矣坐是之故往往有一切新法盡美盡善人人皆知而議論數十年不能舉行者苟漫然舉之則僨轍立見卒爲沮抑新法者所訴詈其稍有成效之一二事則任用洋員者也而輪船招商局開平礦局漢陽鐵廠之類每年開銷之數洋人薪水幾及其半海關釐稅歲入三千萬爲國餉源而聽彼族盤踞數十年不能取代卽此數端論之任用洋員之明效大略可睹矣然猶幸而藉此以成就一二事若決然舍旃則將並此一二事者而亦無之嗚呼同是圓顱方趾戴天履地而必事事俯首拱手待命他人豈不可爲長太息矣乎

若夫四海之大學子之衆其一二識時之彥有志之士欲矢志獨學求中外之故成一家之言者蓋有人矣然不通西文則非已譯之書不能讀其難成一也格致諸學皆藉儀器苟非素封末由購置其難成二也增廣學識尤藉游歷尋常寒士安能遠遊其難成三也一切實學如水師必出海操練礦學必入山察勘非藉官力不能獨行其難成四也國家既不以此取士學成亦無所用猶不足以贍妻子免饑寒故每至半途廢然而返其難成五也此所以通商數十年而士之無所憑藉能卓然成異材爲國家用者殆幾絶也此又馬貴與所謂姑選其能者而無能之人則聽其自爲不肖而已姑進其用者而未用之人則聽其自爲不遇而已豚蹄滿篝之祝旁觀猶以爲笑況復束縛之馳驟之銷磨而鈐制之一旦有事乃欲以多材望天下安可得耶安可得耶

然猶曰洋務爲然也若夫內外各官天子所以共天下也而今日之士他日之官也問國之大學省之學院郡縣之學官及其所至之書院有以歷代政術爲敎者乎無有也有以本朝掌故爲敎者乎無有也有以天下郡國利病爲敎者乎無有也當其學也未嘗爲居官之地其得官也則當盡棄其昔者之所學而從事於所未學傳曰吾

聞學而後入政未聞以政學者也以政學猶且不可況今之既入官而仍讀書者能有幾人也以故一切公事受成於胥吏之手六部書辦督撫幕客州縣房科上下其手持其短長官無如何也何以故胥吏學之而官未學也遂使全局糜爛成一吏例利之天下禍中腹心疾不可爲是故西學之學校不興其害小中學之學校不興其害大西學不興其一二淺末之新法猶能任洋員以舉之中學不興甯能盡各部之堂司各省之長屬而概用洋員以承其乏也此則可爲流涕者也

不甯惟是中國孔子之教歷數千載受教之人號稱四百兆未爲少也然而婦女不讀書去其半矣農工商兵不知學去其十之八九矣自餘一二占畢咿嚘以從事於四書五經者彼其用心則爲考試之題目耳制藝之取材耳於經無與也於教無與也其有通人志士或箋注校勘效忠於許鄭或束身自愛歸命於程朱然於古人之微言大義所謂誦詩三百可以授政春秋經世先王之志者蓋寡能留意則亦不過學其所學於經仍無與也於教仍無與也故號爲受教者四萬萬人而究其實能有幾人則非吾之所敢言也故吾嘗謂今日之天下幸而猶以經義取士耳否則讀吾教之經者殆幾絕也此言似過然有鐵證焉彼禮經十七篇孔子之所雅言今試問綴學之子能誦其文言其義者幾何人也何也科舉所不用也然則堂堂大教乃反藉此疲敝之科舉以圖存夫藉科舉之所存者其與亡也相去幾何矣而況今日之科舉其勢必不能久吾向者所謂變亦變不變亦變與其待他人之變而一切澌滅以至於盡則何如吾自變之而尚可以存其一二也記曰下無學賊民興喪無日矣傳曰小雅盡廢則四彝交侵而中國微愾我儒教爰自東京卽已不競晉宋之間陷於老隋唐以來淪於佛外教一入立見侵奪況於彼教之徒强聒不舍挾以國力奇悍無倫今吾蓋見通商各岸之商賈西文學堂之人士攘臂弄舌

動曰四書六經爲無用之物而教士之著書發論亦侃侃言曰中國之衰弱由於教之未善夫以今日帖括家之所謂經與考據家之所謂經雖聖人復起不能謂其非無用也則惡能禁人之不輕薄之而遺棄之也故準此不變吾恐二十年以後孔子之教將絶於天壤此則可爲痛哭者也

亡而存之廢而舉之愚而智之弱而强之條理萬端皆歸本於學校西人學校之等差之名號之章程之功課彼士所著德國學校七國新學備要文學興國策等書類能言之無取吾言也吾所欲言者采西人之意行中國之法采西人之法行中國之意其總綱三一曰教二曰政三曰藝其分目十有八一曰學堂二曰科舉三曰師範四曰專門五曰幼學六曰女學七曰藏書八曰纂書九曰譯書十曰文字十一曰藏器十二曰報館十三曰學會十四曰教會十五曰游歷十六曰義塾十七曰訓廢疾十八曰訓罪人（所擬章程皆附於各篇之後）

今之同文館廣方言館水師學堂武備學堂自强學堂實學館之類其不能得異才何也言藝之事多言政與教之事少其所謂藝者又不過語言文字之淺兵學之末不務其大不揣其本卽盡其道所成已無幾矣又其受病之根有三一曰科舉之制不改就學乏才也二曰師範學堂不立教習非人也三曰專門之業不分致精無自也故此中人士閣束六經吐棄羣籍於中國舊學既一切不問而叩以西人富强之本制作之精亦罕有能言之而能效之者昔嘗戲言古人所患者離乎夷狄而未合乎中國今之所患者離乎中國而未合乎夷狄推其成就之所至能任象鞮之事已爲上才矣其次者乃適足爲洋行買辦岡必達之用其有一二卓然成就達於中外之故可備國家之任者必其人之聰明才力能藉他端以自精進而非此諸館諸學堂之爲功也夫國家之設學欲養人才以共天下而其上才者僅如此次下者乃如彼此必非朝廷作人之初意也今朝士言論汲汲然以儲才爲

急者。蓋不乏人。學校萌芽。殆自茲矣。其亦有洞澈病根之所在。而於此三端者少爲留意也乎。

抑今學校之議不行。又有由也。經費甚鉅。而籌措頗難。雖知其急。莫克任也。今夫農之治疇也。逾春涉夏。以糞以溉。稱貸苦辛。無或辭者。以爲非如是則秋成無望也。中人之家。猶且節衣縮食以教子弟。冀其成就。光大門閭。今國家而不欲自強則已。苟欲自強。則悠悠萬事。惟此爲大。雖百舉未遑。猶先圖之。吾聞泰西諸大國學校之費。其多者八千七百餘萬。其少者亦八百萬。（小學堂費英國每年三千三百萬元法國一千四百萬元德國三千四百萬元俄國五百萬元美國八千四百萬元中學大學共費英國每年八百六十萬元法國三千萬元德國二百萬元俄國四百餘萬元美國三百餘萬元）日本區區三島。而每年所費亦至八九百萬。人之謀國者。豈其不思撙節之義。而甘擲黃金於虛牝乎。彼日人二十年興學之費。取償於吾之一戰而有餘矣。使吾向者舉其所謂二萬萬而百分之。取其一二以興羣學。則二十年間。人才大成。去年之役。甯有是乎。嗚呼。前事不忘。後事之師。及今不圖。恐他日之患。其數倍於今之所謂二萬萬者。未有已時。迨痛創復至。而始悔今之爲誤。又奚及乎。今不惜糜重帑以治海軍。而不肯舍薄費以營學校。重其所輕。而輕其所重。譬之孺子。懷果與金示之。則棄金而取果。譬之野人。持寸珠與百錢示之。則遺珠而攫錢。徒知敵人勝我之具。而不知所以勝之具。曠日窮力以從事於目前之所見。而蔽於其所未見。究其歸宿。一無所成。此其智視孺子野人何如矣。

西人之策中國者。以西國之人數與中國之人數爲比例。而算其應有之學生。與其學校之費。謂小學之生。宜有四千萬人。每年宜費二萬二千六百萬元。中學之生。宜有一百十八萬四千餘人。每年宜費五千九百萬餘元。大學之生。宜有十六萬五千餘人。每年宜費七千一百萬餘元。今不敢爲大言。請如西人百分之一。則亦當有小學生四十萬人。中學生一萬一千八百四十人。大學生一千八百五十餘人。每年當費三百五十六萬元。中國房屋衣食等費，視西人僅三之一，則每年不過一百餘萬元耳。猶有一義，於此中國科第之榮，奔走天下久矣。制藝楷法，未嘗有人獎勵而驅策之，而趨者若鶩，利祿之路然也。今創辦之始，或經費未充，但使能改科舉，歸於學校，以號召天下，學中惟定功課，不給膏火，天下豪傑之士，其羣集而俛焉從事者，必不乏人。如是則經費又可省三之一，歲費七十餘萬足矣。而學中所成之人材，即以拔十得五計之，十年之後，大學生之成就者已可得八千人，用以布列上下，更新百度，沛然有餘矣。夫以日本之小，每年此費尚至八九百萬，而謂堂堂中國，欲得如日本十二分一之費，而憂其無所出邪，必不然矣。

論科舉

科舉敝政乎？科舉法之最善者也。古者世卿，春秋譏之，譏世卿所以立科舉也。世卿之弊，世家之子，不必讀書，不必知學，雖騃愚淫佚，亦循例入政，則求讀書求知學者必少，如是故上無才。齊民之裔，雖復讀書，雖復知學，而格於品第，末從得官，則求讀書求知學者亦少，如是故下無才。上下無才，國之大患也。科舉立，斯二弊革矣。故世卿爲據亂世之政，科舉爲升平世之政。

古者科舉皆出學校，學校制廢而科舉始敝矣。古者家有塾，黨有庠，術有序，國有學，州長、黨正、遂師、鄉大夫皆其地之教師也。（見於周禮者皆言掌其地之教令。）王制所記有秀士、選士、俊士、進士之號，當其爲秀士也，家黨術鄉教之。（國語齊桓公內正之法，正月之朔，鄉長復事，君親問焉，曰：於子之鄉，有居處好學、慈孝於其父母、聰慧賢仁、發聞於鄉里者，有則以告；有而不以告，謂之蔽明，其罪五。有司已於事而竣。公又問焉，曰：於子之鄉，有奉養股肱之力秀出於衆者，有則以告；有而不以告，是謂蔽賢，其罪五。役官及五屬大夫復事，公問之如初。五屬大夫退而修教於其屬，屬退而修縣，縣退而修鄉，鄉退而修卒，卒退而修邑，邑退而修家，是故匹夫有善，可得而舉也。啓超案：屬、縣、鄉、卒、邑、家，以周禮

（管子證之皆使教於其地者也）當其爲選士也。司徒教之。當其爲俊士也。大樂正教之。故升秀士於司徒者。鄉大夫也。升選士於學者。司徒也。升俊士於司馬而告於王者。大樂正也。居處相邇。耳目相習。爲之師者。當平居之時。於羣士之德行道藝。孰高孰下。孰賢孰不肖。固已熟察之而飫知之。及大比之日。書其賢者與其能者。蓋教之有素。非漫然決優劣於一二日之間而已。漢後得天下者皆於馬上。庠序之事未遑。京師大學。猶且議數十年不能定。郡國之間。尤無聞焉。故雖有鄉舉里選之名。而於古人良法美意。殆稍稍澌滅矣。是以天子不能教士。而惟立一榮途爲之標準。以誘厲之。天下之士趨焉。班孟堅所謂祿利之路然矣。於其時也。或有碩儒巨子出乎其間。代司徒樂正之權。行學校之事。綴學小生。羣焉萃焉。稟而受之。至其人才盛衰。則恆視國家所立之標準。或善或不善以爲差。雖然。取士之與教士。既分其途。則雖其所立標準。極盡善美。而於得人。抑已難矣。故兩漢辟舉之法。其流弊乃至變爲九品中正。蓋學校不立。有司未嘗有人才之責。一旦以考校賓興之事。而受成於渺不相屬之刺史守相。其安從知之。而安從舉之。是以不考實行。專採虛望。末流所屆。乃至寒門貴族。劃若鴻溝。鄉舉里選之弊。極於時矣。隋唐以後。制科代興。慮郡國之不實。乃悉貢京師。以一其權。慮牧守之徇私。乃專出侍臣以承其乏。夫郡國之疏逖。已遜於塾序。而京師又加甚焉。牧守之閡隔。已異於學官。而內臣又加甚焉。舉一切耳目而寄之於虛空無薄之區。於孔子舉爾所知之義。其悖謬爲何如矣。其疏逖而閡隔既已如是。則非惟實行無可見。卽虛望亦無可聞。於是其所立以爲標準者。不得不在雕蟲之技。兔園之業。狗曲之學。蛙鳴之文。上以鼓下。下以應上。父詔兄勉。友習師傳。雖有道藝。非由此進不爲榮。雖有豪傑。非由此道不能進。盡數十寒暑。疲精敝神。以從事於此間。而得與不得。尚在不可知之數。故三代之盛。天下之士。無一人不能自成其才。而國家不可勝用。兩漢之間。士民之失教而自棄者。蓋有之矣。苟其才學可備世用。則無不可以自達。降及後世。豈惟不敎。又從而錮蔽之。豈惟不用。又從而摧殘之。嗚呼。其所餘能幾何哉。故科舉合於學校。則人才盛。科舉離於學校。則人才衰。有科舉無學校。則人才亡。科舉學校既已分矣。則其所立標準。出於多途者。其才稍盛。出於一途者。其才益衰。此亦古今得失之林也。故漢代以孝廉爲常科。而其餘有所謂賢良方正者。直言極諫者。（多不具徵）明當世之務。習先聖之術者。（元光五年）學文高第者。有行義者。茂才異倫者。（多不具徵）可充博士位者。（陽朔二年）勇猛知兵法者。（元延元年）能直言通政事。延於側陋。可親民者。（建平元年）明兵法有大慮者。（建平四年）治獄平者。（元始二年）通天文曆算鍾律方術本草者。（元始五年）而丞相辟掾。亦有四科。（一曰德行高妙志節清白二曰學通行修經中博士三曰明習法令足以決疑能按章覆問文中御史四曰剛毅多略遭事不惑明足決斷材任三輔縣令）光祿茂才。亦有四行。（淳厚質樸謙遜節儉）刺史移名。亦有三等。（一明經二明律三能治劇）其取之也。或特詔徵。或特科試。或三府辟。或公車召。或公卿郡國舉。或遣持節察上。或上書待詔。或博士弟子射策。或以技藝爲郎。（漢書儒縮傳）或仕郡爲曹掾從事。其科目與出身之多如此。故天下之士。皆能因其性之所近。而各成其學。學苟成矣。則徵辟察舉交至。未有不能自見者也。故天下人人皆有用之器。而國家不至以乏才爲患。唐因隋制。設六科。一曰秀才。二曰明經。三曰進士。四曰明法。五曰明字。六曰明算。又有史科開元禮道舉童子學究等科。其制科之名。則多至百數。（見於困學紀聞者八十有六）雖不免猥濫。而一時賢俊。如姚崇之下筆成章。張九齡之道侔伊呂者。往往出焉。宋初繼軌。亦有九經五經三史三禮三傳通禮。（初沿唐制試開元禮至開寶六年開寶通禮成乃改科是歲以新書試問）學究明經明法明醫（宋史醫學初隸太常寺元豐間始置提舉判局以教之曰方脈科鍼科瘍科試題有六一墨義二脈義三大義四論方五假令六運氣）等科。夫明經有科。則士知守其教矣。行義有科。則人篤於行矣。治劇有科。則有司知盡心於民事矣。明律治獄有科。則政刑平矣。兵法有科。則多折衝之才矣。開元禮通禮有科。則士習於本朝掌故矣。學究有科。則可以爲人師矣。技藝明算有科。

則制器前民矣。明醫有科。則人壽矣。此諸科者。今西方之國。莫不有之。若驟以語守舊之徒。則將吐而棄之曰彝也彝也。而不知皆吾中國所嘗行之者也。惜乎徒懸其名。未廣其用。其所偏重。乃專在進士一科。遂令天下學子。雖有絕學高志。不能不降心俯首。以肆力於詩賦帖括之業。而通人碩儒。蹉跎不第。若韓愈劉蕡者。猶不可數計。馴至廉恥道喪。請謁若固。關節還往。溫卷求知等名。習焉不以爲怪。榮途之狹。人才之少。風俗之壞。蓋自千數百年以來矣。

宋熙甯間。議建學校。變貢舉。罷詩賦。問大義。此三代以下一大舉動也。惜荆公以無助而敗。後人廢其學校之閎議。而沿其經義之偏制。謬種流傳。遺毒遂日甚一日。凡天下任舉一事必有本末荆公之議興學本也變科末也本既不行徒用其末不成片段安得不弊荆公經義取士未敢謂爲善制而合科舉於學校則千古之偉論也當時舊執政之黨曉曉爭辯全屬意見之言其傳誦後世最近理而亂眞者蘇文忠公一疏也向嘗刺其紕謬而條辨之今略錄於下當今之世其猶有援此等迂謬之論以相駁詰者可以此折之矣蘇氏曰得人之道在於知人知人之法在於責實使君相有知人之明朝廷有責實之政則胥吏皁隸未嘗無人而況於學校貢舉乎雖用今之法臣以爲有餘使君相無知人之明朝廷無責實之政則公卿侍從常患無人況學校貢舉乎雖復古之制臣以爲不足矣梁啓超曰君相雖曰知人若欲舉天下之士其才學之可任與否一人望而盡得之雖堯湯皋禹吾知其不能矣則必寄耳目於公卿公卿寄之牧守牧守寄之令長令長之可謂親民者也然其民之智與其學行烏從而知之則非由學校不爲功也但言責實不言更新此固守舊家之常談也試問國家取人才非所以共政事乎政事之才不足而設學校以養之固其宜也今乃以詩賦帖括之濫劣冒其名而充其數則誰爲實而誰爲虛矣胥吏皁隸未嘗無人者古者卒吏皆以通經之士爲之學校之功也公卿侍從常患無人者自其入學之始卽務爲阿世無用之學一旦得志安望其能匡時哉此無學校之弊也吾以爲蘇氏而不知此義則已苟其知之則當推求其所以然之故而瞿然於學校之興刻不容緩而尙暇爲駁議耶蘇氏曰夫時有可否物有興廢使三代聖人復生於今其選舉亦必有道何必由學乎梁啓超曰道有可與民變革者有不可與民變革者學而優則仕學而後入政此不可與民變革者也人民社稷何必讀書此孔子深惡痛絕之言而蘇氏乃摭拾之何爲也且所謂其選舉亦必有道者道果何若矣強聖人而從我聖人豈任受之蘇氏曰且慶曆間嘗立學矣天下以爲太平可待至於今惟空名僅存今陛下必欲求德行道藝之士責九年大成之業則將變今之禮易今之俗又當發民力以治宮室斂民財以養游士而又時簡不帥敎者屏之遠方徒爲紛紛其於慶曆之際何異梁啓超曰凡持議者但當論其議之是不是不當論其事之成不成學而不當立雖慶曆規模已定猶當廢之苟其當立前事何害且慶曆之僅存空名正坐朝廷不能責實之弊蘇氏何不申其責實之說議瀆舊緒顧乃因噎廢食也夫人才者國民之本學校者人才之本興學所以安國而長民也欲成大功不見小利雖稍勞費將焉避之且有司供給之需養兵饟饋之用每歲節其一二可以興學而有餘矣不欲彼之爭而斤斤然阻撓安國長民之舉果何心也范蔚宗推原漢法且謂傾而未顛抑而未墜出於黨錮諸賢心力之爲游士果何負於人國乎先王之教其民若誨其子弟故既有選秀之升而亦有敎之罰上下一體痛切相關此太平之所由也後世去古既遠不明先王之意徒據今日之弊政以繩古制宜其以爲笑矣蘇氏曰夫欲興德行在君人者修身以格致辨好惡以表俗若欲設科立名以取之則是敎天下相率而僞也上以孝取人則勇者割股怯者廬墓上以廉取人則敝車羸馬惡衣菲食凡可以中上之意者無所不至德行之弊一至於此梁啓超曰科名之不足以得賢才固也蓋其本源必在學校也若修身格物之說乃俗儒迂言能制人之口不能服人之心其於斯爲下矣漢以孝廉取士而一代名節出焉雖云僞也其視唐之進士懷溫卷遨拜馬下者何如矣自魏武下令再三求負汙辱之名見笑之行不仁不孝而有治國用兵之術者此後廉恥道喪播其流風極於五季其視割股廬墓惡衣菲食之爲僞者又何如矣蘇氏本以氣節自任今乃以意見之故而發爲此言眞非吾之所敢聞也蘇氏曰雖知其無用然自祖宗以來莫之廢者以爲設法取士不過如此也梁啓超曰吾聞大易之義幹父之蠱謂之吉裕父之蠱謂之吝今既謂爲無用則當更求其所謂有用者以匡厥不逮今乃悉舉而歸罪於祖宗以爲制度雖壞吾不任其咎此豈仁人孝子所忍言哉且祖宗之法非祖宗所自創也因前代之弊而已前代又因其前代之弊而已推而上之以至於古人立法之始則其法固未嘗如是也歷代相沿不思振刷逐漸流變遂成今日然則所謂法者不過成於泄沓庸臣之手而非祖宗之意以爲不如是不可爲治也今樂於師庸臣而憚於法先王此太平之道所以千歲而不一遇也自漢迄今取士之法已不知幾易今乃謂不過如是其誰信之

閱數百載。歷元涉明。薾靡疲敝。迄於今世。揣摩腔調。言類俳優。點名對簿。若待囚虜。擔簦纍纍。狀等乞匃。搜索挾書。視同穿窬。糊名摸索。乃似賭博。歸本重書。若選鈔胥。夫國家之取士。取其才也。取其學也。取其行也。今以俳優鈔胥畜之。以囚虜乞匃穿窬賭博視之。欲士之自愛。欲國家之能受其用。何可得也。王介甫曰。古者取士也寬。其用之也嚴。今取士也嚴。其用之也寬。吾請爲一說曰。古者試士之具嚴。其爲途也寬。今試士之具寬。其爲途也嚴。今之所以進退天下者。八股之文。八韻之詩。雖使伊呂管樂。操觚爲之。必無以遠過於金陳章羅。而曲士陋儒。剽竊模倣。亦未嘗不可能之而有餘也。故不必論其立法之善否。但使能如其法。中其程式者。而後取之。就其所取之人。以爲比例。則舉人之可以及第。諸生之可以得解者。皆當數千人矣。而進士之額。每科不過數百。舉人之額。每省不過數十。則其餘數千人之見擯黜者。安知無伊呂管樂之才而所取數百數十安得無曲士陋儒以濫竽於其間也昔人論科舉之弊不一而以探籌之喻爲最當所謂非科舉之能得人才而奇才異能之人之能得科舉斯固然矣然奇才異能者固能得之闒冗汙下者亦能得之則將何擇也今夫挾千金以求力士號於衆曰有能舉千鈞者致千金則强有力之人立見矣號於衆曰有能勝匹雛者致百金則所懷之金頃刻而盡而賁獲之才未必能致也今之爲說者每以科第猥濫欲裁中額以清其途不知由今之道無變今之法雖進士之額裁至數十舉人之額裁至數人而猥濫如故也徒使懷才之徒嶔奇抑鬱不能自達駸駸白首才氣銷磨此所謂不揣其本而齊其末也吾蓋見夫綴學之子當其少年氣盛未嘗不欲博通古今經營天下其意若曰吾姑降心於帖括之學竢得一第可以娛父母畜妻子然後從事於吾之所欲學而已當其應童子試也縣試數場經月始畢又逾月而試之府府試數場經月始畢又逾月而試之院三試竣事一年去其半矣既以半年人力廢學以就試一經黜落則窮愁感歎不能讀書而頹然以自放者又復數月感歎既已而縣試又至矣試不一試年不一年即幸而入學而諸生得解之難其情形猶是也舉子得第之難其情形猶是也詞館得差之難其情形亦猶是也試事無窮已之日即學子無休暇之時日月逝於上體貌衰於下而向之所謂博通古今經營四方者終未嘗獲一從事也若夫瑰瑋之士志氣不衰衝決羅網自成其志者千百之中豈無一二人哉然其中材以下汩沒此間而不能救者何可勝道況此一二人者苟非爲科舉所困而移其衝決羅網之力量以從事於他端則其成就又當何如也故學校之盛中人亦進爲上材科舉之衰有志亦成爲無用其差數之相去如此其遠也

今內之有同文方言之館舍外之有出洋學習之生徒行之數十年而國家不獲人才之用蓋有由也昔俄主大

彼得。躬游列國。擇國中俊秀子弟。使受業葡法之都。歸而貴顯之。布在朝邑。俄遂以强。日本維新之始。選高才生就學歐洲。學成反國。因才委任。今之伊藤榎本之徒。皆昔日之學生也。而中國所謂洋務學生者。竭其精力。廢其生業。離井去邑。逾幼涉壯。以從事於西學。幸薄有成就。謂可致身通顯。光寵族遊。及貿貿然歸。乃置散投閒。瓠落不用。往往棲遲十載。未獲一官。上不足以盡所學。下不足以救饑寒。千金屠龍。成亦無益。嗚呼。人亦何樂而爲此勞勞哉。夫國家之教之。將爲用也。教而不用。則其教之之意何取也。生徒之學之。將效用也。學而不見用。則其學之之意何在也。此眞吾之所不能解也。或謂此輩之中。求所謂奇才異能可以大用者。蓋亦寡焉。斯固然矣。不知國家所重。既不在是。舉國上才之人。悉已爲功令所束縛。帖括所驅役。鬻身滅頂。不能自拔。孰肯棄其稽古之榮以俯焉而從事也。故當其就學之始。其與斯選者。大半僅中人之才耳。而自束髮以後。又未嘗一教以中國義理之學。徒溷身洋場。飽染習氣。及至學成。亦且視爲雜流。不與士齒。其不自愛。固所宜也。坐是之故。而瑰瑋特絕之徒。益懲羹吹虀。羞與噲伍。是以此中人才。日就寂寥也。然二十年間。其在西國學堂中考試前列。領有學成憑據者。往往有人。而西人之達者。亦每復嗟歎。謂震旦人才。不下彼國。然則出洋學生中之未嘗無才。昭昭然矣。顧乃東之高閣。聽其自窮自達。不一過問。於是有美國學生。餬口無術。投入某洋行爲買辦者。有製造局匠師。月俸四十金。而爲西國某廠以二百金聘去者。豪傑之士。安得不短氣。有志之徒。安得不裹足。既無細腰高髻之倡。重以棄鼎寶瓠之失。不懷顧犬補牢之義。徒效淵魚叢爵之愚。猶復頓足搓手。日日歎息。曰無人才。無人才。天下之人豈任受之。

故欲興學校養人才。以强中國。惟變科舉爲第一義。大變則大效。小變則小效。綜而論之。有三策焉。何謂上策。遠法三代。近采泰西合科舉於學校。自京師以訖州縣。以次立大學小學。聚天下之才。教而後用之。入小學者比諸生。入大學者比舉人。大學學成比進士。選其尤異者出洋學習比庶吉士。其餘歸內外戶刑工商各部任用比部曹。庶吉士出洋三年學成而歸者授職比編檢。學生業有定課。考有定格。在學四年而大試之。以教習爲試官。不限額。不糊名。凡自明以來取士之具取士之法。千年積弊。一旦廓清而辭闢之。則天下之士。靡然向風。八年之後。人才盈廷矣。

何謂中策。若積習既久。未卽遽除。取士之具。未能盡變。科舉學校。未能遂合。則莫如用漢唐之法。多設諸科。與今日帖括一科並行。昔聖祖高宗兩開博學鴻詞。網羅俊良。激厲後進。故國朝人才。以康乾兩世爲最盛。此卽吾向者多途勝於一途之說也。今請雜取前代之制。立明經一科。以暢達教旨。闡發大義。能以今日新政。證合古經者爲及格。明算一科。以通中外算術。引申其理。神明其法者爲及格。明字一科。以通中外語言文字。能互繙者爲及格。明法一科。以能通中外刑律。斟酌適用者爲及格。使絕域一科。以能通各國公法。各國條約章程。才辯開敏者爲及格。通禮一科。以能讀皇朝三通。大清會典。大清通禮。諳習掌故者爲及格。技藝一科。以能明格致製造之理。自著新書。製新器者爲及格。學究一科。以能通教學童之法者爲及格。明醫一科。以能通全體學。識萬國藥方。知中西病名證治者爲及格。兵法一科。以能諳操練法程。識天下險要。通船械製法者爲及格。至其取之之法。或如康乾鴻博故事。特詔舉試。或如近世算學舉人。按省附考。而要之必予以出身。示以榮途。給以翰林進士舉人之名。准以一體鄉會朝殿之實。著書可以入翰林。上策可以蒙召見。告之以用意之所重。導之以利祿之所存。則巖穴之間。鄉邑之內。與夫西學諸館。及出洋學習之學生。皆可因此以自達。其未有成就者。亦可以益厲於實學。以為天下用。則其事甚順。而其效亦甚捷。

何謂下策。一仍今日取士之法。而略變其取士之具。童子試非取錄經古者。不得入學。而經古一場。必試以中外政治得失時務要事算法格致等藝學。鄉會試必三場並重。第一場試四書文五經文試帖各一首。第二場試中外史學三首。專問歷代五洲治亂存亡之故。第三場試天算地輿聲光化電農礦商兵等專門。聽人自擇一門。分題試之。各三首。殿試一依漢策賢良故事。專問當世之務。對策者不拘格式。不論楷法。考試學差試差。亦試以時務藝學各一篇。破除成格。一如殿試。如是則向之攻八股哦八韻者。必將稍稍捐其故業。以從事於實學。而得才必盛於向日。

上策者。三代之制也。中策者。漢唐之法也。下策者。宋元之遺也。由上策者強。由中策者安。由下策者存。若夫守晚明之弊制。棄歷朝之鴻矩。狃百載之積習。憚千夫之目議。違作人之公理。踵愚黔之故智。則雖鐵艦闐海。誰與為戰。槍礮如林。誰與為用。數萬里地。誰與為守。數百兆人。誰與為理。傳曰。子有美錦。不使人學制焉。言不學之人不可以共政事也。今其用之也在彼。而取之也在此。是猶蒸沙而欲其成飯。適燕而南其轅也。豈不慎哉。豈不慎哉。

昔同治初葉。恭親王等曾請選編檢庶常並五品以下由進士出身之京外各官及舉人恩拔副歲優貢等入同文館。學習西藝。給以廩俸。予以升途。原奏究澈利弊駁辨邪說語語適當切實可行恐外間見者尚少特照錄以鑒衆覽其文曰臣等因製造機器必須講求天文算學議於同文館內添設一館等因於十一月初五日具奏奉旨依議欽此欽遵在案臣等伏查此次招考天文算學之議並非務奇好異震於西人術數之學也蓋以西人製器之法無不由度數而生今中國議欲講求製造輪船機器諸法苟不藉西士為先導俾講明機巧之原製作之本竊恐師心自用枉費錢糧仍無裨於實際是以臣等衡量再三而有此奏論者不察必有以臣等此舉為不急之務者必有以舍中法而從西人為非者甚且有以中國人師法西人為深可恥者此皆不識時務也夫中國之宜謀自強至今日而亟矣識時務者莫不以采西學製洋器為自強之道疆臣如左宗棠李鴻章等皆深明其理堅持其說時於奏牘中詳陳之上年李鴻章在上海設立機器局由京營揀派兵弁前往學習近日左宗棠亦請在閩設立藝局選少年穎悟弟子延聘洋人敎以語言文字算法畫法以爲將來造輪船機器之本由此以觀是西學之不可不急爲肆習也固非臣等數人之私見矣或謂雇賃輪船購買洋槍各口均曾辦過既便且省何必爲此勞賾不知中國所當學者固不止輪船槍礮一事卽以輪船槍礮而論雇買以應其用計雖便而法終在人講求以澈其原法既明而用將在我蓋一則權宜之策一則久遠之謀執得執失不待辨而明矣至於以舍中法而從西人爲非亦臆說也查西術之借根實本於中術之天元彼中猶目爲東來法特其人性情縝密善於運思遂能推陳出新擅名海外耳其實法固中國之法也天文算法如此其餘亦無不如此中國創其法西人襲之中國儀能駕而上之則在我既已洞悉根源遇事不必外求其利益正非淺鮮且西人之術我聖祖仁皇帝深韙之矣當時列在臺官垂爲時憲兼容並包智周無外本朝掌故亦不宜數典而忘祖六藝之中數居其一古者農夫戍卒皆識天文後世設爲厲禁知者始鮮我朝康熙年間除私習天文之禁由是人文蔚起天學盛行治經之儒皆兼治數各家著述考證俱精語曰一物不知儒者之恥士子出戶舉目見天不解列宿爲何物亦足羞也卽今日不設此館猶當肆業及之況乎懸的以招哉若夫以師法西人爲恥此其說尤謬夫天下之恥莫恥於不若人查西洋各國數十年來講求輪船之制互相師法製造日新東洋日本近亦遣人赴英國學其文字究其象數爲仿造輪船張本不數年亦必有成西洋各國雄長海邦各不相下者無論矣若夫日本蕞爾國耳尙知發憤爲雄獨中國狃於因循積習不思振作恥孰甚焉今不以不如人爲恥而獨以學其人爲恥將安於不如而終不學遂可雪其恥乎或謂製造乃工匠之事儒者不屑爲之臣等尤有說焉查周禮考工一記所載皆梓匠輪輿之事數千百年黌序奉爲經術其故何也蓋匠人習其事儒者明其理理明而用宏焉今日之學學其理也乃儒者格物致知之事並非强學士大夫以親執藝事也又何疑焉總之學期適用事貴因時外人之疑議雖多當局之權衡宜當臣等於此籌之熟矣惟是事屬創始立法宜詳大抵欲嚴課程必須優給廩餼欲期鼓舞必當量予升途謹公同酌擬章程六條繕呈御覽恭候欽定再查翰林院編修檢討庶吉士等官學問素優差使較簡若令學習此項天文算學程功必易又進士出身之五品以下京外官舉人五項貢生事同一律應請一併推廣招考以資博採

得旨依議。其時正當日本初次遣人出洋學習之時耳。此議若行。中學與西學。不至劃爲兩途。而正途出身之士大夫。莫不孶心此間以待用。至今三十年。向之所謂編檢及五品以下官。皆位卿孤矣。用以更新百度。力圖富强。西方大國。猶將畏之。而況於區區之日本乎。乃彼時倭文端方以理學名臣主持清議。一時不及平心詳究。遂以用夷變夏之說。抗疏力爭。遽尼成議。子曰。君子一言以爲智。一言以爲不智。文端之言。其誤人家國。豈有涯耶。抑天心之未厭亂也。今夫非常之原。黎民懼焉。千數百歲之痼疾。一旦欲舉而去之。吾知其難矣。然不由此道。則終無自强之一日。雖事事模仿西式。究其成就。則如邯鄲之學步。新武未習。而故跡已淪。我

三十年來學西法之成效已可睹矣後之視今猶今之視昔悔前事之無及思繼起之有功嗚呼其毋使後人而復哀後人也

論學會

道莫善於羣莫不善於獨獨故塞塞故愚愚故弱羣故通通故智智故强星地相吸而成世界質點相切而成形體數人羣而成家千百人羣而成族億萬人羣而成國兆京陔秭壤人羣而成天下無羣焉曰鰥寡孤獨是謂無告之民虎豹獅子象駝牛馬龐大傀碩人檻之駕之惟不能羣也非洲之黑人印度之棕色人美洲南洋澳島之紅人所占之地居地球十六七歐人剖之鈐之若檻獅象而駕駝馬亦曰惟不能羣之故

羣之道羣形質爲下羣心智爲上羣形質者蝗蟲蜂蟻之羣非人道之羣也羣之不已必蠹天下而卒爲羣心智之人所制蒙古回回種人皆以衆力横行大地而不免帖耳於日耳曼之裔蝗蟲蜂蟻之羣非人道之羣也

羣心智之事則賾矣歐人知之而行之者三國羣曰議院商羣曰公司士羣曰學會而議院公司其識論業藝罔不由學故學會者又二者之母也學校振之於上學會成之於下歐洲之人以心智雄於天下自百年以來也

學會起於西乎曰非也中國二千年之成法也易曰君子以朋友講習論語曰有朋自遠方來又曰君子以文會友又曰百工居肆以成其事君子居學以致其道孔子養徒三千孟子從者數百子夏西河曾子武城荀卿祭酒於楚宋史公講業於齊魯樓次子之著錄九千徐遵明之會講逾萬鵝湖鹿洞之盛集東林幾復之大觀凡兹前模具爲左證先聖之道所以不絕於地而中國種類不至夷於蠻越曰惟學會之故學會之亡起於何也曰國朝

漢學家之罪。而紀昀爲之魁也。漢學家之言曰。今人但當著書。不當講學。紀昀之言曰。漢亡於黨錮。宋亡於僞學。明亡於東林。嗚呼此何言耶。此十常侍所以傾李膺范滂蔡京韓侂胄所以錮司馬公朱子。魏忠賢阮大鋮所以陷顧高陳夏。而爲此言也。吾不知小人無忌憚之紀昀。果何惡於李范諸賢。而甘心爲十常侍蔡京韓侂胄魏忠賢阮大鋮之奴隸也。而舉天下綴學之士。猶羣焉宗之。伈俔低首爲奴隸之奴隸。疾黨如仇。視會爲賊。是以僉壬有黨。而君子反無黨。匪類有會。而正業反無會。是率小人以食君子之肉。驅天下之人。而爲鰥寡孤獨。而入於象駝牛馬。而曾蜂蝗蝨蟻之不若。而後稱善人。嗚呼。豈不痛哉。豈不痛哉。

今天下之變亟矣。稍達時局者。必曰興礦利。築鐵路。整商務。練海軍。今試問驅八股八韻考據詞章之士。而屬之以諸事能乎否乎。則曰有同文館水師學堂諸生徒在。今且無論諸生徒之果成學與否。試問以區區之生徒供天下十八行省變法之用。足乎否乎。人才乏絕。百舉具廢。此中國所以講求新法三十年。而一無所成。卒爲一孔守舊之論。間執其口也。今海內之大。四萬萬人之衆。其豪傑之士。聰明材力足以通此諸學者。蓋有之矣。然此諸學者。非若考據詞章之可以閉戶獺祭而得也。如礦利則必遊歷各省。察驗礦質。博求各國開礦分礦鍊礦之道。大購其機器儀器。而試驗之。盡購其礦務之書。而繙譯之。集陳萬國所有之礦產。而比較之。練軍則必集萬國兵法之書。而讀之。集萬國製造槍礮藥彈築修營壘船艦之法。而學之。學此諸法。又非徒手而學也。必遊歷其國。觀其操演。徧覽各廠。察其製造大陳汽機。習其用式。自餘羣學。率皆類是。故無三十七萬金之天文臺。三十五萬金之千里鏡。則天學必不精。不能環遊地球。卽遊矣。而不能徧各國省府州縣。皆有車轍馬跡。則地學必不精。試問一人之力。能任否乎。此所以雖有一二有志之士。不能成學。不能致用。廢棄以沒世也。

彼西人之爲學也。有一學卽有一會。故有農學會。有礦學會。有商學會。有工學會。有法學會。有天學會。有地學會。有算學會。有化學會。有電學會。有聲學會。有光學會。有重學會。有力學會。有水學會。有熱學會。有醫學會。有動植兩學會。有教務會。乃至於照像丹青浴堂之瑣碎。莫不有會。其入會之人。上自后妃王公。下及一命布衣。會衆有集至數百萬人者。會資有集至數百萬金者。會中有書以便繙閱。有器以便試驗。有報以便佈知新藝。有師友以便講求疑義。故學無不成。術無不精。新法日出。以前民用。人才日衆。以爲國幹。用能富强甲於五洲。文治軼於三古。

今夫五印度數萬里之大。五十年間。晏然歸於英國。廣州之役。割香港。開口岸。舉動轟赫。天下震慴。而不知皆彼中商學會爲之也。通商以來。西人領文憑遊歷邊腹各省。測繪輿圖。考驗物礦者。無歲無之。中國之人。疑其奸細。而無術以相禁。而不知皆彼中地學會爲之也。故西國國家之於諸會也。尊重保護而獎藉之。或君主親臨以重其事。或撥帑津貼以助其成。會日盛而學日進。蓋有由也。

今欲振中國在廣人才。欲廣人才在興學會。諸學分會。未能驟立。則先設總會。設會之日。一曰臚陳學會利益。專摺上聞。以定衆心。二曰建立孔子廟堂。陳主會中。以著一尊。三曰貽書中外達官。令咸捐輸。以厚物力。四曰函招海內同志。咸令入會。以博異才。五曰照會各國學會。常通音問。以廣聲氣。六曰函告寓華西士。邀致入會。以收他山。七曰咨取官局羣籍。概提全分。以備儲藏。八曰盡購已繙西書。收庋會中。以便借讀。九曰擇購西文各書。分門別類。以資繙譯。十曰廣繙地球各報。佈散行省。以新耳目。十一曰精搜中外地圖。懸張會堂。以備流覽。十二曰大陳各種儀器。開博物院。以助試驗。十三曰編纂有用書籍。廣印廉售。以啓風氣。十四曰嚴定會友功課。各執專門。

以勵實學。十五曰保選聰穎子弟。開立學堂。以育人才。十六曰公派學成會友遊歷中外。以資著述。

舉國之大而僅有一學會。其猶一蟁一蝱之勞也。今以四萬萬人中憂天下求自强之士。無地無之。則宜所至廣立分會。一省有一省之會。一府有一府之會。一州縣有一州縣之會。一鄉有一鄉之會。雖數十人之寡。數百金之微。亦無害其爲會也。積小高大。擴而充之。天下無不成學之人矣。

遵此行之。一年而豪傑集。三年而諸學備。九年而風氣成。欲興農學。則農學會之才。不可勝用也。欲興礦利。則礦學會之才。不可勝用也。欲興工藝。則工藝會之才。不可勝用也。欲興商務。則商務會之才。不可勝用也。欲求使才。則法學會之才。不可勝用也。欲整頓水陸軍。則兵學會之才。不可勝用也。欲製新器廣新法。則天算聲光化電等學會之才。不可勝用也。以雪讎恥。何恥不雪。以修庶政。何政不成。若徇紀昀之瞶言。率畏首之舊習。違樂羣之公理。甘無告之惡名。則非洲印度突厥之覆轍。不絕於天壤。西方之人。豈有愛乎。一木隻柱。無所砥於横流。佩玉鳴琚。非所捄於急難。詩曰。迨天之未陰雨。徹彼桑土。綢繆牖戶。今此下民。或敢侮予。嗚呼。凡百君子。其無風雨漂搖。乃始曉音瘏口而莫能相救也。

論師範

善矣哉。日人之興學也。明治八年。國中普設大學校。而三年之前。爲師範學校。以先之。師範學校。與小學校並立。小學校之教習。卽師範學校之生徒也。數年以後。小學之生徒。升爲中學大學之生徒。小學之教習。卽可升爲中學大學之教習。故師範學校立。而羣學之基悉定。

書曰作之君作之師記曰人其父生而師教之是以民生於三事之如一其重之也如此非苟焉而已古者學校皆國家所立教師皆朝廷所庸故大戴七屬言學則任師周官九兩言以賢得民而學記一篇乃專標誨人之術以告天下之爲人師者然則師範學校之制徵之三代雖書闕有間若乃其意則可推而見矣後世學校既廢天子不復養士於是教師之權散於下巖穴鉅子各以其學倡焉及其衰也乃至如叔孫通之講學教以面諛徐遵明之授徒利其修脯師道之弊極於時矣坐是謬種流傳每下愈況風氣日以下學術日以壞人才日以亡故夫師也者學子之根核也師道不立而欲學術之能善是猶種稂莠而求稻苗未有能獲者也

今之府州縣學官號稱冷官不復事事固無論矣此外握風氣之權者爲書院山長爲蒙館學究車載斗量趾踵相接其六藝未卒業四史未上口五洲之勿知八星之勿辨者殆十而八九也然而此百數十萬之學子方將帝之天之圭之臬之以是爲學問之極則相率而踵襲之今夫山木有擇必待大匠美錦在御不使學製懼其有棄才也中人之家聘師誨子周詳審愼必擇其良懼子弟之失學也若夫士人者帝王之所與共天下也其貴也匪直大木美錦其重大過於中人之家之子弟萬萬也今乃一舉而付之不通六藝不讀四史不知五洲不識八星之人使之圭之臬之剗琢之欲於此間焉求人才烏可得也是故先王患人才之寡後世患人才之多患才寡故立爲學校定其教法以成就之患才多故設爲不待學不待教之帖括以籠絡天下士而士之教焉學焉於其間者亦終身盤旋於胯下而不復知有天地之大師範之不立自數百年以來矣

今天下之變日亟教學之法亦日新於是立爲同文館水師學堂等皆略效西制思講實學然一切教習多用西人西人言語不通每發一言必俟繙譯展轉口述強半失眞其不相宜一也西人幼學異於中土故教法亦每不

同往往有華文一二語可明，而西人衍至數十言者，亦有西人自以爲明曉，而華文猶不能解者，其不相宜二也。西人於中土學問，向無所知，其所以爲教者，專在西學，故吾國之就學其間者，亦每撥棄本原，幾成左衽，其不相宜三也。所聘西人，不專一國，各用所習，事雜言龐，嘗見某水師學堂之教習，其操兵所用口號，英將官教者用英語，法將官教者用法語，德將官教者用德語，徒視其一隊，非不號令嚴肅，步伐整齊也，不知溝而通之，各不相習，且臨陣之號令，隨時變化，萬有不齊者也，今惟尋常操練之數口號，習聞之而習知之，一旦前敵，或進退起伏，偶有一二事爲平時所未習者，則統帥雖大聲疾呼，而士卒且罔聞知，則安往而不僨事也，其不相宜四也。西人教習，既不適於用，而所領薪俸，又恆倍於華人，其不相宜五也。夫有此五端，而此諸館諸學堂，猶然用之，若有重不得已者，則豈不以中國之人，克任此職者之寡也，夫以四萬萬之大衆，方領成帷，逢掖如鯽，而才任教習者，乃至乏人，天下事之可傷可恥，孰過此矣。

今之識時務者，其策中國也，必曰興學校，雖然，若同文館水陸師學堂等，固不得謂之非學校焉矣，然其成效也若彼，今使但如論者之意，自京師以及各省府州縣，徧設學校，復古法，采西制，以教多士，則其總教習當以數百，分教習當以數千，試問海內之士，其足以與斯選者，爲何等人也，欲求之今日所謂耆學名宿，則彼方褱其所學，率天下士而爲蠹魚，爲文鳥，是欲開民智而適以愚之，欲使民强而適以弱之也，若一如今日諸館諸學堂之舊例，則爲之師者，固不知聖教之爲何物，六籍之爲何言，是敺人而焚毁詩書，閣束傳記，率天下士而爲一至粗極陋之西人，夫國家歲費巨萬之帑，而養無量數至粗極陋之西人，果何取也，今夫由前之説，此吾國數百年積弱之根原，由後之説，則數十年來變法之所以無效也。

故欲革舊習興智學必以立師範學堂爲第一義日本尋常師範學校之制（日本凡學校皆分二種一高等二尋常）其所教者有十七事一修身二教育三國語（謂日本文語）四漢文五史志六地理七數學八物理化學（兼聲光熱力等）九博物（指全體學動植物學）十習字十一圖畫十二音樂十三體操十四西文十五農業十六商業十七工藝今請略依其制而損益之一須通習六經大義二須講求歷朝掌故三須通達文字源流四須周知列國情狀五須分學格致專門六須仞習諸國言語以上諸事皆以深知其意能以授人爲主義至其所以爲教之道則微言妙義略具於學記之篇循而用之殆庶幾矣

是故居今日而言變法其無遽立大學堂而已其必自小學堂始自京師以及各省府州縣皆設小學而輔之以師範學堂以師範學堂之生徒爲小學之教習而別設師範學堂之教習使課之以教術即以小學堂生徒之成就驗師範學堂生徒之成就三年之後其可以中教習之選者每縣必有一人於是薈而大試之擇其尤異者爲大學堂中學堂總教習其稍次者爲分教習或小學堂教習則天下之士必爭自鼓舞而後起之秀有所稟式以底於成十年之間奇才異能徧行省矣不由此道時曰無本本之既撥而日灌溉其枝葉以求華實時曰下愚

論女學

孟子曰逸居而無教則近於禽獸痛哉斯言乎執一人而目之曰禽獸未有不色然怒者然信如子輿氏之言也則今日之近於禽獸者何其多也海內之大員其首方其足之種蓋四萬萬其名之爲農爲工爲商爲兵終身未嘗讀書者殆一萬九千萬有奇其名之爲官爲士號稱讀書而實未嘗讀書者殆數百萬其員其首而纖其足不

官不士不農不工不商不兵而自古迄今未嘗一讀書者凡二萬萬不寧惟是彼之官焉士焉農焉工焉商焉而近於禽獸者猶或以禽獸爲恥也此之不官不士不農不工不商不兵而近於禽獸者豈直不恥乃羣天下之人以爲是固宜然耳嗚呼豈不痛哉豈不痛哉梁啓超曰居今日之中國而與人言婦學聞者必曰天下之事其更急於是者不知凡幾百舉未興而汲汲論此非知本之言也然吾推極天下積弱之本則必自婦人不學始請備陳其義以告天下

一義曰公理家之言曰凡一國之人必當使之人人各有職業各能自養則國大治其不能如是者則以無業之民之多寡爲强弱比例差何以故無業之人必待養於有業之人不養之則無業者殆養之則有業者殆斯義也西人譯者謂之生利分利卽吾大學生之者衆食之者寡之義□□□□曰食訓蝕謂耗蝕也管子曰一夫不耕或受之饑一女不織或受之寒此非空言也蓋合一國之人民物產而以決疑數術盈虛消息之其所得之率實如此也中國卽以男子而論分利之人將及生利之半自公理家視之已不可爲國矣況女子二萬萬全屬分利而無一生利者惟其不能自養而待養於他人也故男子以犬馬奴隸畜之於是婦人極苦惟婦人待養而男子不能不養之也故終歲勤動之所入不足以贍其妻孥於是男子亦極苦以予所見上而官中而士下而農工商兵無論爲何等人則無時不臯然愀然若重憂貧者其受凍餓轉死溝壑者更不知凡幾也其實以比例淺理論之苟人人以一身所作之業爲一身衣食計必無可以貧之理今中國之無人不憂貧也則以一人須養數人也所以釀成此一人養數人之世界者其根原非一端而婦人無業實爲最初之起點雖然等是人也何以或有業或無業蓋凡天下任取一業則必有此業中所以然之理及其所當行之事非經學問不能達也故卽以男子而論大率明達事

理之人謀業甚易反是者謀業較難然則學也者業之母也婦人之無業也非天理宜然也其始據亂之世專尚力爭彼男子之所欲有事者固非婦人之所能也於是以婦人爲不足輕重而不復敎之既不敎矣其無從執業有固然也積之既久漸忘其本來則以爲是固當生而不事事而嗷然待哺於人者也是以男子貴而婦人賤婦人逸而男子勞逸而賤非人情所樂也貴而勞亦非人情所樂也則何如均其貴賤亦均其勞逸之爲得也論公理則如此考事勢則如彼故曰國何以强民富斯國强矣民何以富使人人足以自養而不必以一人養數人斯民富矣夫使一國之內而執業之人驟增一倍則其國所出土產作物亦必驟增一倍凡所增之數皆昔日棄地之貨也取棄地之貨而藏之民間其事甚順而其益甚宏若此者舍學末由也

二義曰人有恆言曰婦人無才卽是德此瞽言也世之瞀儒執此言也務欲令天下女子不識一字不讀一書然後爲賢淑之正宗此實禍天下之道也古之號稱才女者則批風抹月拈花弄草能爲傷春惜別之語成詩詞集數卷斯爲至矣若此等事本不能目之爲學其爲男子苟無他所學而專欲以此鳴者則亦可指爲浮浪之子靡論婦人也吾之所謂學者內之以拓其心胸外之以助其生計一舉而獲數善未見其於婦德之能爲害也如曰無才卽是德云爾則夫鄉僻婦嫗不識一字者不啻千百億萬未嘗聞坐此之故而賢淑有加而惟聞取帚之誶反脣之稽視宦學家之婦人殆益甚焉則又何也凡人之鄙吝也忿爭也必其所見極小目光心力盡日營營於此極小之圈限中以生此蔽也使其人而知有萬古有五洲與夫生人所以相處之道萬國所以强弱之理則其心也方憂天下憫衆生之不暇而必無餘力以計較於家人婦子事也今夫婦人之所以多蔽於彼者則以其於天地間之事物一無所聞而竭其終身之精神以爭强弱講交涉於筐篋之間故其醜習不學而皆能不約而盡

同也。是以海內之大。爲人數萬萬。爲戶數千萬。求其家庭內外相處熙睦。形迹言語終身無間然者。萬不得一焉。而其發端罔不起於姑嫜姒娣之間。憤時者至謂婦人爲盡可殺。夫婦人豈性惡耶。羣塊然未經教化之軀殼若干具。而鍵之於一室。欲其能相處焉。不可得也。彼婦人之累男子也。其不能自養而仰人之給其求也。是猶累其形骸也。若夫家庭之間。終日不安。入室則愀靜居斯歎。此其損人靈魂短人志氣。有非可以常率推者。故雖有豪傑倜儻之士。苟終日引而置之牀第筐篋之側。更歷數歲。則必志量局瑣。才氣消磨。若是乎婦人之果爲鴆而不可近也。夫與其飲鴆而甘之。則盍於療鴆之術。少留意矣。

三義曰。西人分教學童之事爲百課。而由母教者居七十焉。孩提之童。母親於父。其性情嗜好。惟婦人能因勢而利導之。以故母教善者。其子之成立也易。不善者。其子之成立也難。顏氏家訓曰。教兒嬰孩。就傅以前。性質志量。皆已略定。少成若性。長則因之。此實言教育學一切之始基也。苟爲人母者。通於學本。達於教法。則孩童十歲以前。於一切學問之淺理。與夫立志立身之道。皆可以粗有所知矣。今中國小學未興。出就外傅以後。其所以爲教者。亦既猥陋滅裂。無所取材。若其髫齡嬉戲之時。習安房闥之中。不離阿保之手。耳目之間。所日與爲緣者。舍牀第筐篋至猥極瑣之事。概乎無所聞見。其上焉者。歆之以得科第。保祿利。誨之以嗣產業。長子孫。斯爲至矣。故其長也。心中目中。以爲天下之事。更無有大於此者。萬方億室。同病相憐。冥冥之中。遂以釀成今日營私趨利。苟且無恥。固陋蠻野之天下。而莫知所自始。豈惟莫知所自始而已。且恬然不以爲怪。故試取西人幼塾乳臭之子。與吾此間龐壯碩老之士大夫相挈。其志趣學識。必有非吾此間此輩之所能望者。豈其種之特異哉。無亦少而習焉者之不得其道也。故治天下之大本二。曰正人心。廣人才。而二者之本。必自蒙養始。蒙養之本。必自母教始。母

教之本必自婦學始故婦學實天下存亡强弱之大原也

四義曰胎教之道大戴禮論衡詳哉言之後世此義不講蓋久今之西人則斷斷留意焉西國公理家考物種人種遞嬗遞進之理以爲凡有官之物（人禽蟲介草木爲有官之物金石水土爲無官之物）一體之中有其死者焉有其不死者焉如一草木根荄支幹果實花葉其死者也而常有不死者離母而附於其子緜緜延延相續不斷是曰傳種惟人亦然雖然兩種化合之間有浸淫而變者可以使其種日進於善由猩猴而進爲人也由野番賤族而進爲文明貴種也其作始甚微而將畢至鉅也故西人言種族之學者以胎教爲第一義其思所以自進其種者不一而足而各國之以强兵爲意者亦令國中婦人一律習體操以爲必如是然後所生之子膚革充盈筋力强壯也此亦女學堂中一大義也今之前識之士憂天下者則有三大事曰保國曰保種曰保教國烏乎保必使其國强而後能保也種烏乎保必使其種進而後能保也進詐而爲忠進私而爲公進渙而爲羣進愚而爲智進野而爲文此其道也教男子居其半婦人居其半而男子之半其導原亦出於婦人故婦學爲保種之權輿也今與人言此義鮮不謂以耕救饑掘井消渴迂遠而無當也而不知此蓋古先哲王與泰西通儒所講之極熟推之至盡而汲汲焉以爲要圖者也（胎教篇曰易曰正其本萬事理失之豪釐差以千里故君子愼始謹爲子孫昏妻嫁女必擇世世有行義者如是則其子孫慈孝不敢淫暴黨無不善三族輔之故鳳皇生而有仁義之意虎狼生而有貪戾之心兩者不等各以其母其言極深切著明又曰胎教之道書之玉版藏之金匱置之宗廟以爲後世戒蓋古人之重之如此必非無故也侯官嚴君又陵譯天演論云無官者不死以其未嘗有生也而有官者一體之中有其死者焉有其不死者又非精靈魂魄之謂也可死者甲不死者乙判然兩物如草木之根荄支幹等甲之事也而乙則離母附子代可微變而不可以死或可分其少分以死而不可以盡死此動植所莫不然者也是故一人之身常有物焉乃祖父之所有而託生於其身蓋自得生受形以來則遞嬗迤降以至於今此胎教所以然之公理嚴君與余書又云生學公例言一人之生其心思材力形體氣習前則本數十百代祖父母之形神所闕歷積委而成後則依乎見聞師友與所遭之時與地而化其論極精欲言保種者非措意於此二義不可欲措意於前一義則胎教尤爲根原之根原此學數十年後必大明於天下今日則）

鮮不以爲迂遠無用矣

西人格致家之言曰。言算學格致等虛理。婦人恆不如男子。由此等虛理而施諸實事。以成爲醫學製造等專門之業。則男子恆不如婦人。然則男女之於學。各有所長。非有軒輕。論者或疑數千年來男子之成絕學立大功者。方策不絕。而婦人無聞焉。若是乎雖與婦學。其所成亦僅矣。抑吾又聞生學家之言公理矣。凡含生負氣之物。倒生者最愚。橫生者次愚。若夫軀體峙立首函淸陽者。其聰明必不甚相遠。所以生差別者。在智慧之開與不開耳。昔乾嘉間。漢學彬彬於江浙。而吾粵靡一人焉。咸同以後。口馬鄭手說文者如鯽矣。非粵民愚於乾嘉而智於咸同也。日本明治以前。民智僾塞。工藝窳劣。翻然維新。遂有今日。非日人拙於曩而巧於今也。其腦筋伏而未動。其靈髓塞而未通。從而導之。機捩一撥。萬線俱動矣。彼婦人之數千年莫或以學名也。未有以導之也。婦人苟從事於學。有過於男子者二事。一曰少酬應之繁。二曰免考試之難。其居靜。其心細。故往往有男子所不能窮之理。而婦人窮之。男子所不能創之法。而婦人創之。西史所載。若摩哈默德之母。以伯南之女。佚失勒約翰之姑。其學業成就。視男子未或讓。而吾中國之女子遊學異國。成學而歸者。若吾向者所聞康愛德氏石美玉氏。雖西域耆宿。猶歆譽之。然則婦人豈生而不能學耶。夫以二萬萬戴天履地首函淸陽之人類。而必夷而棄之。謂與倒生橫生之物相等。欲不謂爲不仁。不可得也。

善夫諸敎之言平等也。南海先生有孔敎平等義不平等惡乎起。起於尙力。平等惡乎起。起於尙仁。等是人也。命之曰民。則爲君者從而臣妾之。命之曰女。則爲男者從而奴隸之。臣妾奴隸之不已。而又必封其耳目。縛其手足。凍其腦筋。塞其學問之塗。絕其治生之路。使之不能不俯首帖耳於此强有力者之手。久而久之。安於臣妾。安於奴隸。習爲固然。而不自知。於其中有人焉。稍稍自疑於爲臣妾爲奴隸之不當者。反羣起而譁之。以故數千年來之男子無或以婦學爲治天下所當有事。而數千年之婦人益無有奮然自張其軍以提倡其同類者也。非不才也。壓力使然也。

今語人曰。欲强國必由學校。人多信之。語人曰。欲强國必由女學。人多疑之。其受蔽之原。尚有在焉。今日之攘臂奮舌。以譚强國。震驚於西人。而思效其長者。則惟是船艦之雄也。槍礮之利也。鐵路之速也。礦務之盛也。若此者皆非婦人所能有事也。故謀國者曰。教婦人非所急也。而不知西人之强在此。其所以强者不在此。農業也。工作也。醫學也。商理也。格致也。律例也。教授也。男子所共能。抑婦人所共能也。其學焉而可以成爲有用之材一也。今夫言治國而必推本於學校。豈不以人才者國之所與立哉。豈不以中國自有之才。必待教而始成哉。夫必謂彼二萬萬爲人才。而謂此二萬萬爲非人才。此何說也。

西方全盛之國。莫美若。東方新興之國。莫日本若。男女平權之論。大倡於美。而漸行於日本。日本之女學。約分十三科。一修身。二教育。（言教授及蒙養之法）三國語。（謂日本文）四漢文。五歷史。（兼外國史）六地理。七數學。八理科。（謂格致）九家事。十習字。十一圖畫。十二音樂。十三體操。其與男學相出入者。不過數事而已。此數事者。大率與兵政相關。亦尚力之世所當有事者也。彼西人之立國。猶未能至太平世也。太平之世。天下遠近大小若一。無國界。無種界。故無兵事。無兵器。無兵制。國中所宜講者。惟農商醫律格致製造等事。國人無男無女。皆可各執一業以自養。而無或能或不能之別。故女學與男學必相合。今之美國。殆將近之矣。是故女學最盛者。其國最强。不戰而屈人之兵。美是也。女學次盛者。其國次强。英法德日本是也。女學衰。母教失。無業衆。智民少。國之所存者幸矣。印度波斯土耳其是也。

若是夫中國之宜興婦學如此其急也雖然今日之中國烏足以言婦學學也者匪直晨夕伏案對卷伊吾而已師友講習以開其智中外游歷以增其才數者相輔然後學乃成今中國之婦女深居閨閣足不出戶終身未嘗見一通人履一都會獨學無友孤陋寡聞以此從事於批風抹月拈花弄草之學猶未見其可況於講求實學以期致用雖有異質吾猶知其難矣不甯惟是彼方毀人肢體濆人血肉一以人爲廢疾一以人爲刑僇以快其一己耳目之玩好而安知有學而安能使人從事於學是故纏足一日不變則女學一日不立嗟夫國家定鼎之始下令薙髮率土底定順治末葉懸禁纏足而奉行未久積習依然一王之力不改羣盲之心强男之頭不如弱女之足遂留此謬種孳乳流衍歷數百年日盛一日內違聖明之制外遺異族之笑顯罹楚毒之苦陰貽種族之傷嗚呼豈蒼蒼者天故厄我四萬萬生靈而留此孽業以爲之窒歟抑亦治天下者未或厝意於是也

論幼學

西人每歲創新法製新器者以十萬計著新書得新理者以萬計而中國無一焉西人每百人中識字者自八十人至九十七八人而中國不逮三十人頂同圓也趾同方也官同五也支同四也而懸絕若此嗚呼殆天之降才爾殊哉顧吾嘗聞西人之言矣震旦之人學於彼土者才力智慧無一事弱於彼其居學數歲褎然試舉首者往往不絕人之度量相越蓋不遠也而若是者何也梁啓超曰春秋萬法託於始幾何萬象起於點人生百年立於幼學吾嚮者觀吾鄉塾接語其學究蠢陋野悍迂謬猥賤不可嚮邇退而傷焉憂愀然思無惑乎鄉人之終身爲鄉人也既而遊於它鄉而它縣而它道而它省觀其塾接語其學究其蠢陋野悍迂謬猥賤舉無以異於嚮者之

所見。退而瞠然芒然皇然曰。中國四萬萬人之才之學之行之識見之志氣。其消磨於此蠢陋野悍迂謬猥賤之人之手者。何可勝道。其幸而獲免焉者。蓋萬億中不得一二也。顧炎武曰。有亡國有亡天下。梁啓超曰。强敵權奸流寇。舉無足以亡國。惟吏胥可以亡國。外教左道鄉愿。舉無足以亡天下。惟學究足以亡天下。欲救天下。自學究始。

古之教學者。不可得見矣。顧其爲道。散見於七十子後學所記者。若曲禮。若少儀。若保傅。若學記。若文王世子。若弟子職。何其詳也。吾未克遊西域。觀於其塾與其學究。顧嘗求之於其書。聞之於其人。其與今日之中國。何相反也。其爲道也。先識字。次辨訓。次造句。次成文。不躐等也。識字之始。必從眼前名物指點。不好難也。必教以天文地學淺理。如演戲法。童子所樂知也。必教以古今雜事。如說鼓詞。童子所樂聞也。必教以數國語言。童子舌本未强。易於學也。必教以算。百業所必用也。多爲歌謠。易於上口也。多爲俗語。易於索解也。必習音樂。使無厭苦。且和其血氣也。必習體操。强其筋骨。且使人人可爲兵也。日授學不過三時。使無太勞。致畏難也。不妄施扑教。使無傷腦氣。且養其廉恥也。父母不得溺愛荒學。使無棄材也。學究必由師範學堂。使習於教術。深知其意也。故西童出就外傅。四年之間。其欲爲士者。卽可以入中學。仍專門以名其家。其欲爲農若工若商若兵者。亦可以略識天地人物之理。中外古今之跡。其學足以爲仰事俯畜之用。稍加閱歷。而卽可以致富貴。故用力少而畜德多。數歲之功。而畢世受其用也。

中國則不然。未嘗識字。而卽授之以經。未嘗辨訓。未嘗造句。而卽强之爲文。開塾未及一月。而大學之道在明明德之語。騰躍於口。洋溢於耳。夫記者明揭之曰。大學之道。今乃驟以施之乳臭小兒。何爲也。明德二字。漢儒据爾雅。宋賢褻佛典動數千言未能懸解。今執負牀之孫而語之彼烏知其作何狀也。夫大學之道。至於平天下。中庸之德極於無聲臭此豈數齡之學童所克有事也今之教者其姑以授之而希冀其萬一能解也則是大愚也知其必不能解而猶然授之是毆其子弟使以學爲苦而疾其師也。學究之言曰。童子入學之始必使誦經俾知聖教。如梁氏言是蔑經也非聖也吾姑弗與辨吾但羣天下之學究與黨於學究者而誓之任千人中求一人能以經以教爲心者有諸乎則非吾之所敢云也其誦經也試題之所自出耳科第之所自來耳假使以佛教取士吾恐如是我聞一時佛在之語將充斥於塾舍假使以耶教取士吾恐天主造物七日而成之語將闐溢於黌序而四書六經無過問者矣此非吾深文之言也彼儀禮者亦六經之一。先聖之所雅言問今之學子曾卒業者幾何人也同一禮記而喪服諸篇誦者幾絕豈不以應試之無取乎此哉夫以先聖制作之精經緯之詳乃僅供此輩賤儒竊取甲第武斷鄉曲之用夫誰爲蔑經而誰爲非聖矣古人之爲教也由淺而深由粗而精今則不然先後倒置進退逆行故四書六經者大道之所在終身由之而不能盡者也而麥菽始辨即以授之及其長也而授之以八股試帖則文士之餘耳又其長也而授之以大卷白摺則鈔胥之役耳荀卿曰始於爲士終於爲聖人今則不然始於爲聖人而終於爲鈔胥豈不惘哉然持此以責賤儒賤儒必不伏受吾但如其意爲其科第計而必授學之始責其子弟以必不能解之學而反於其所能解者而擯置之其操術何其拙也而取途何其迂也人之生也有大腦有小腦。（即魂魄也西人爲全體學者魂譯言大腦魄譯言小腦）大腦主悟性者也。小腦主記性者也。（佛氏言八識以眼耳鼻舌身爲前五識意爲第六識意根爲第七識第六識即小腦也第七識即大腦也）小腦一成而難變。大腦屢濬而愈深。故教童子者。導之以悟性甚易。強之以記性甚難。何以故悟性主往（以銳入爲主）其事順。其道通。通故靈。記性主回（如返照然）其事逆。其道塞。塞故鈍。是故生而二性備者上也。

若不得兼。則與其强記。不如其善悟。何以故。人之所異於物者。爲其有大腦也。故能悟爲人道之極。凡有記也。亦求悟也。爲其無所記。則無以爲悟也。悟贏而記絀者。其所記恆足以佐其所悟之用。（吾之所謂善悟者指此非盡棄記性也然其所記者實多從求悟得來耳不可誤會）記贏而悟絀者。蓄積雖多。皆爲棄材。惟其順也通也靈也。故專以悟性導人者。其記性亦必隨之而增。惟其逆也塞也鈍也。故專以記性强人者。其悟性亦必隨之而減。西國之教人。偏於悟性者也。故觀烹水而悟汽機。觀引芥而悟重力。侯失勒約翰。（近譯談天書即其所著）一疇人之良也。而自道得力。乃在樹葉石子之喻。（見談天首侯失勒約翰傳）中國之教人。偏於記性者也。故古地理古宮室古訓詁古名物。纖悉考据。字字有來歷。其課學童也。不因勢以導。不引譬以喻。惟苦口呆讀。必求背誦而後已。所得非不堅定也。雖然。人之姿稟英異。而不善記誦者。蓋有之矣。吾以爲如其善記也。則上口十次若二十次。未有不能成誦者也。若過此以往而不能。則督之至百回。亦無益也。試變其法。或示之以卷中之事物。或告之以篇中之義理。待其懸解。助其默識。則未有不能記者也。人生五六年。腦顱初合。（恖从囟心从囟象腦初合形）腦筋初動。宜因而導之。無從而窒之。就眼前事物。隨手指點。日教數事。數年之間。於尋常天地人物之理。可以盡識其崖略矣。而其勢甚順。童子之所甚樂。今舍此不爲。而必取其所不能解者。而逼之以强記。此正學記所謂苦其難而不知其益也。由前之說。謂之導腦。由後之說。謂之窒腦。導腦者腦日强。窒腦者腦日傷。此西人之創新法製新器者。所以車載斗量。而中國殆幾絶也。雖然。近世之專以記誦教人者。亦有故焉。彼其讀書固爲科第也。誦經固爲題目也。自考試局院搜檢之例定。而塾中呻嚘占畢之聲繁。懼其一二字之遺忘。而畢生之所願望者。將大受其害也。此亦非吾之深文也。吾觀學子得第之後。曾無一人復以記誦爲事者。故知其初意專爲如是也。曰。然則彼胡不示以事物。告以義理。以助其記也。曰。彼其所誦之書之事物義理。非數齡之童子所解喻也。然則彼胡不易一書而教之曰。凡書而非考試所有事者。可無讀也。故窒腦之禍。自考試始。古人之言。即文也。文即言也。自後世語言文字分。始有離言而以文稱者。然必言之能達。而後文之能成。有固然矣。故學綴文者。必先造句。造句者。以古言易今言也。今之爲教者。未授訓詁。未授文法。闃然使代聖賢立言。朝甫聽講。夕即操觚。顧野王之記建安。李長吉之賦高軒。自非夙根甯容躐進。又限其格式。詭其題目。連上犯下。以鈐之。擒釣渡挽。以鑿之。意已盡而敷衍之。非三百字以上勿進也。意未盡而桎梏之。自七百字以外勿庸也。百家之書不必讀。懼其用僻書也。當世之務不必講。懼其觸時事也。以此道教人。此所以學文數年。而下筆不能成一字者。比比然也。

論語曰。夫子循循然善誘人。孟子曰。教亦多術矣。故夫師也者。以道得民。非以力服人也。今之教者。毀齒執業。鞭笞䠞撻。或破頭顱。或潰血肉。飢不得食。寒不得息。國家立法。七年曰悼。罪且減等。何物小子。受此苦刑。是故中國之人。有二大厄。男女罹毒。俱在髫年。女者纏足。毀其肢體。男者扑頭。傷其腦氣。導之不以道。撫之不以術。地非理室。日聞榜楊。教匪宗風。但憑棒喝。遂使視黌舍如豚立之苦。對師長若獄吏之尊。學記曰。其施之也悖。其求之也佛。夫然故隱其學而疾其師。苦其難而不知其益也。夫豈特疾焉苦焉而已。古之聽訟。猶禁笞楚。所以養廉遠恥。無令自棄。今於鼓篋之始。而日以囚虜之事待之。無惑乎世之妾婦其容。奴隸其膝。以應科第求富貴者。日出而不可止也。

記曰。張而不弛。文武不能也。又曰。藏焉脩焉。息焉遊焉。此古今中外之通例也。西人讀書執業。皆有定時。當其時也。雖有重客要事。不以廢也。逾其時也。則相從而嬉。飲酒蹴踘。所弗禁也。西人比較每歲戶口生死之數。每百人中。英國死者。恆逾於美國二人。醫者推極其理曰。美之操工者日三時。英之操工者日四時。其率之差實起於此。然則執業時刻之多寡。其與人身之相關如此其重也。中國之人不講斯義。其惰者旦夕嬉逸。甘爲遊民。其勤者終日勤動。罔知節制。來往宴會。曾靡定晷。酬應無度。叢脞是憂。斯固然矣。若夫學童者腦實未充。幹肉未强。操業之時。益當減少。論語曰。學而時習。記曰。蛾子時術之。但使敎之有方。每日伏案一二時。所學抑已不少。自餘暇晷。或遊苑囿以觀生物。或習體操以强筋骨。或演音樂以調神魂。何事非學。何學非用。其宏多矣。而必立監佐史以莅之。正襟危坐以囿之。庭內湫隘。養氣不足。圈禁拘管。有如重囚。對卷茫然。更無生趣。以此而求其成學。所以師勞而功半。又從而怨之也。

記曰。凡入學者。必釋奠於先聖先師。所以一志趣。定嚮往。崇敎而善道也。今之學塾。於孔子之外。乃兼祀文昌魁星等。吾粵則文昌魁星。專席奪食。而祀孔子者殆絕矣。夫文昌者。槱燎司命。或稱爲天神。張仲孝友。或指爲人鬼。魁星者。襲奎宿之號。依魁字之形。造爲幻相。狀彼奇鬼。矯誣荒誕。不可窮詰。倡而尊之者。當從左道惑衆之條。沿而奉之者。亦在淫祀無福之例。乃入學之始。奉爲神明。而反於垂世立敎大成至聖之孔子。薪火絕續。俎豆蕭條。生卒月日。幾無知者。是故父兄之相詔。師長之相督。朋友之相勉。語以求科第博青紫。則恬然固然。不以爲怪。語以學聖人救天下。則色然驚。竊然笑。以爲此妄人也。孟子曰。修其天爵以要人爵。今又甚焉。明目張膽。以細人自居。其不如是者。且從而非笑之。流失敗壞。一至此極。非人之性惡也。彼其受學之始。其所以蓍龜之而矜式之者。固在彼而不在此。彼其不如是。則是改其初服。而倍其師也。嗟夫。以視佛氏之日念佛號。耶氏之七日禮拜者。其相去抑何遠矣。

凡此數端。其積習在千年以前。其流毒徧九州以內。或安焉而不知非。或知矣而憚於改。或思改而不得其道。或知道而難乎其人。坐是謬種流傳。日敝一日。而儒者遂以無用聞於天下。若夫其欲爲農若工若商若兵者。其意旣非爲科第也。靑紫也。而其勢又不能終身肆力於此間。盡經閱其所謂帖括考据詞章者。而以求大道也。七八齡間。力貧就傅。發蒙益慧。恃此數年。過此以往。與學絕矣。爲之師者。當如何悉心善誘。導其捷徑。去其阻力。以求其有成。乃亦舍天命謂性無聲無臭之外。無所謂讀本也。舍破承起講對偶聲病之外。無所謂文法也。夫賤儒之學此也。雖云無用。然能藉以竊甲第。武斷鄉曲。一生喫著不盡。彼固自以爲受用莫大也。若夫爲農爲工爲商爲兵者之學。此其於學非所用。用非所學。更顯而易見也。而歷數百千年數萬萬人因沿蹈其覆轍而不知變。迨至弱冠以後。始以不學無術。自怨自艾。而此數年之功。若有若無。如煙如夢。曾無秋毫能受其益。蓋莫不自咎其向者之惰於學也。而不知皆蠢陋野悍迂謬猥賤之學。究禍天下也。此所以識字之人不及西國之半。而農而士工而士商而士兵而士者。千萬中不得一二也。

然則奈何。曰非盡取天下之學究而再教之不可。非盡取天下蒙學之書而再編之不可。大率自五歲至十歲爲一種教法。自十一歲至十五歲爲一種教法。苟慧非項槖。癡非周子。皆可率由此道。相與有成。一曰識字書。今之說文九千三百五十三文。加以徐氏新附字及近人所輯逸字外編等。蓋萬餘字。比之於西文。未爲繁也。雖然。其字之見於羣經者。才二千有奇耳。漢初儒者作蒼頡篇。合秦之蒼頡爰歷博學三書爲之。斷六十字爲一章。凡五十五章。都三千三百字。而司馬相如作凡將。史遊作急就。李長作元尙。皆取材於是書。然則西漢以前文字。實只三千餘耳。說文据揚雄班固所續（元始中王莽徵天下通小學者說奇字於庭中揚雄取其有用者作訓纂篇續蒼頡凡八十九章五千三百四十字班固作在昔太甲等篇以續揚雄凡一百三章六千一百八十字而增益之其字之眞出於古與否不必深辨要之今日通行文字實不過二千有奇苟識此數即以之參悟天人經緯倫物恢恢乎有餘矣西人之文以聲爲主故字雖多而識字易中國之文以形爲主故字雖少而識字難雖然亦有道焉以聲爲主者必先學字母而後拼音以形爲主者必先學獨體而後合體古人言獨體爲文合體爲字獨體之字象形指事爲多合體之字形聲會意爲多王菉友著文字蒙求條理頗善自言以敎童子一月間而有用之字盡識顧其書於形事二端善矣而古今文字除獨體外形聲居其十之八九必得簡法以馭之乃可便易余頃在澳門有葡萄牙人來從學者或不識字或識矣而不能寫余先以文字蒙求象形指事兩門中之獨體字授之繼爲形聲字表以偏旁爲緯以聲爲經專取其有用者不過二千餘字爲表一紙懸之堂中以授之十餘日而盡識矣中國文字雖不主於聲而聲中之義甚多故形聲一門中實有妙理可尋黃公度汪穰卿皆發此義黃之說云如天巔等音皆有高之意地底等音皆有低之意圓全完旋還環等音皆有圓之意汪之說云如古有舊意而枯故沽固楛等亦皆有舊意黃之說釋名略演之汪之說說文通訓定聲間有發明兩君皆將著專書以言其理〇又按凡所論述有用古今人之說者多注明惟用師說者不注以一切文字皆述師訓也附標其例然此乃敎以字之本義若引申假借孳乳浸多猶未足以馭之西人之敎學童也先實字次虛字次活字今亦宜用其意魏默深有蒙雅一書分天篇地篇人篇物篇事篇詁天詁地詁人詁物詁事凡十門四字韻語各自爲類與急就章略同頗便上口惟所載字已太多有無用者文字蒙求亦同且虛字亦非韻所能達韻語只能載同類之義若不也焉哉等虛字皆假借之義又其義各不相侔難以韻語爲次今宜用其實字活字等篇其虛字則先識其字至敎文法時乃詳其用則事甚順矣學者自離經辨志以後亦旣能讀一切書能屬一切文幼歲之事不復記憶今𫗦𫗦然以識字爲言未有不匿笑之者然中國識字人少實坐斯弊且旣無字書假手俗師當其初學書也僅令識其字不令知其義及少進而再以義授之故其始也難記而其後也益繁彼西人花士卜士比林卜等書取眼前事物至粗極淺者旣綴以說復系

以圖其繁笨不誠可笑乎然彼中人人識字實賴此矣又聞西人於三歲孩童欲教以字則爲球二十六分刻字母俾作玩具今日以AB兩球與之明日從彼索A球又明日而從彼索B球二十六日而字母畢記矣中國文授獨體字亦可效其意也

二曰文法書中國以文釆名於天下而教文法之書乃無傳焉意者古人語言與文字合如儀禮左傳所載辭令皆出之口而成文者也故曰不學詩無以言而傳記亦屢言將命應對之事蓋學言卽學文也後世兩事既分而斯義不講自魏文帝劉彥和始有論文之作然率爲工文者說法非爲學文者問津故後世恆有讀書萬卷而下筆冗沓弇俗不足觀者至於半途輟學之商賈等類其居學數年而豪間不能達一字者更不知凡幾也西人於識字以後卽有文法專書若何聯數字而成句若何綴數句而成筆深淺先後條理秩然余所見者馬眉叔近著中國文法書未成也余昔教學童嘗口授俚語令彼以文言達之其不達者削改之初授粗切之事物漸授淺近之議論初授一句漸三四句以至十句兩月之後乃至三十句以上三十句以上幾成文矣學者甚易而教者不勞以視破承起講支支節節而續成者殆霄壤也若其條理則俟馬氏書成可得而論次焉

三曰歌訣書漢人小學之書如蒼頡急就等篇皆爲韻語推而上之易經詩經老子以及周秦諸子莫不皆然蓋取便諷誦莫善於此近世通行之書若三字經千字文事物不備義理亦少今宜取各種學問就其切要者編爲韻語或三字或四字或五字或七字或三字七字相間成文（此體起於荀子成相篇請成相身之殃愚闇愚闇墮賢良後世彈詞導源於此吾粵謂之南音於學童上口甚便）其已成書者若通行之步天歌通鑑韻語十七史彈詞近同縣陳慶笙之直省府廳州縣韻語粵人某君之歷代紀元歌仁和葉浩吾之天文歌略地理歌略皆有用可讀今宜補著者一曰經學其篇有四一孔子立教歌

二羣經傳記名目篇數歌。三孔門弟子及七十子後學姓名歌。四歷代傳經歌。二曰史學。其篇有七。一諸史名目種別及撰人歌。二歷代國號及帝王種姓歌。三古今大事歌。四域外大事歌。五歷代官制歌。六歷代兵制歌。七中外古今名人歌。此篇復分二章一民功二民賊　三曰子學。其篇有三。一周秦諸子流派歌。二歷代學術流派歌。此篇復分四章一漢二六朝唐三宋元明四國朝　三外教流派歌。四曰天文。其篇有四。一諸星種別名號歌。自行星恆星以訖星雲星氣雙星並言其理　二八星繞日及諸月歌。此二篇因葉氏書而損益之　三測候淺理歌。專言潮汐空氣風雲雷雨等事亦謂之地面學　四古今中外曆法異同歌。五曰地理。其篇有七。一五洲萬國名目歌。二中國內地屬地名目歌。三中國險要各地歌。四地球高山大河名目歌。五歷代都邑萬國京城名目歌。六中國大都會外國大商埠名目歌。七地質淺理歌。專言地中金石各事　六曰物理。其目有四。一原質名目歌。二動物情狀歌。三植物情狀歌。四微生物情狀歌。以上各門。略舉大概。若其詳備。以俟編時。又別爲勸學歌。贊揚孔教歌。愛國歌。變法自全歌。戒鴉片歌。戒纏足歌等。令學子自幼諷誦。明其所以然。則人心自新。人才自起。國未有不强者也。

四曰問答書。古人言學。皆以學問並舉。孟子曰。有答問者。蓋學者由外入。問者由內出。其得力蓋有間焉。顧聞之記曰。善問者如攻堅木。先其易者。後其節目。不善問者反此。蓋問亦非易言也。古之教者。恐人之不善問也。故傳記之禮。代其問而自答之。若春秋之公羊穀梁傳。易之文言傳。大戴之夏小正傳。莫不皆然。管子有問篇皆代人設問　西人啓蒙之書。專用問答。其餘一切書每篇之末。亦多附習問。近譯之筆算數學數學啓蒙代數備旨幼童衛生編聖會史記等書皆有之　蓋人之讀書。勢不能盡所讀而悉記之。則必提其要者。然書中要義。未必人人過目即能提出。故莫如著者代摘。而讀者自記。此著書之良裁也。西人問答專書。譯成華文者。有卜舫濟之啓悟要津。言天文地學淺理。次第秩然。一覽可解。惜爲書甚少。於他種學問。尚從闕如。（中亦多彼數語）今宜略依歌訣書之門目。條分縷晰。由淺入深。由繁反約。一一設爲問答以發明之。以歌訣爲經。以問答爲緯。歌訣以助其記。問答以導其悟。記悟並進。學者之能事畢矣。凡善著書者。取義靡不宏富。而既講體例。又講文法。故條理隱伏。讀者易眩。苟擷而剔之。不値思索耳。余以爲雖繁重詳博。如古文尙書疏證明堂大道錄等書。使爲問答以演之。每書不過千字。其義已可大明。（凡所言問答書皆列斷不引證）故盡天下有用之學。而編以問答爲書。不出三十本。崖略卽已畢具。（此爲粗通一切言之若欲專門名家當讀引證之書）學子雖有下質。十五歲以前。此編當可卒業。魁碩耆宿。蔑此淹通矣。又師範學校未立。求師爲難。旣有此編。則雖冬烘學究。亦可按圖索驥。依所問以課其徒。吾所謂盡天下之學究而敎之。此亦其一事也。

五曰說部書。古人文字與語言合。今人文字與語言離。其利病旣縷言之矣。今人出話。皆用今語。而下筆必效古言。故婦孺農甿。靡不以讀書爲難事。而水滸三國紅樓之類。讀者反多於六經。（寓華西人亦讀三國演義最多以其易解也）夫小說一家。漢志列於九流。古之士夫。未或輕之。宋賢語錄。滿紙恁地這個。匪直不事修飾。抑亦有微意存焉。日本創伊呂波等四十六字母。別以平假名片假名。操其土語以輔漢文。故識字讀書閱報之人日多焉。今卽未能如是。但使專用今之俗語。有音有字者以著一書。則解者必多。而讀者當亦愈夥。自後世學子。務文采而棄實學。莫肯辱身降志。弄此楮墨。而小有才之人。因而遊戲恣肆以出之。誨盜誨淫。不出二者。故天下之風氣。魚爛於此間而莫或知非細故也。今宜專用俚語。廣著羣書。上之可以借闡聖敎。下之可以雜述史事。近之可以激發國恥。遠之可以旁及彝情。乃至宦途醜態。試場惡趣。鴉片頑癖。纏足虐刑。皆可窮極異形。振厲末俗。其爲補益。豈有量耶。

六曰門徑書。學者於以上五種書。旣已致力。則可以覃精六籍。汎濫羣書矣。顧四庫之編。已如煙海。加以古逸。加以近著更加以西書汗萬牛閫億室數十寒暑能讀幾何故非有以導之不可四庫提要於諸學門徑略具矣惟書頗繁重童蒙憚焉啓超本鄉人曹不知學年十一遊坊間得張南皮師之輶軒語書目答問歸而讀之始知天地間有所謂學問者稍長遊南海康先生之門得長興學記俛焉孜孜從事焉南海先生復有桂學答問甲午游粵西告桂人士者其言較長興學記爲切近歲甲午余授學於粵會爲讀書分月課程以訓門人近復爲讀西學書法以答問者皆演師友末說靡有心得童蒙之求所弗辭耳仁和葉瀚爲讀書要略條理秩然蓋便初學學童鼓篋之始依此數書當有塗徑嚮者每欲薈萃中外古今爲羣學源流一書以教學究恨學淺才薄僅成數篇海內君子庶幾成之嘉惠來者焉

七曰名物書西人有書一種此土譯者命之爲字典其最備者至數十巨冊以二十六字母編次古今萬國名物皆具焉故既通文法者据此編以讀一切書罔有窒矣中土歷古未有是書楊氏方言意蓋近之今宜用其意盡取天下之事物悉行編定以助學者繙檢之用如云君天下者三皇謂之皇五帝謂之帝三代謂之王秦後迄今謂之皇帝皆謂之君亦謂之后亦謂之辟亦謂之上蒙古謂之汗或謂之貝勒回部謂之沙俄謂之沙突厥謂之蘇魯丹日本謂之天皇西藏謂之贊普歐洲諸國謂之木那克亦謂之愛伯勞亦謂之塞佛倫亦謂之爾路淵亦謂之金亦謂之伯理璽天德云云其餘一切並同斯例大抵官制地理兩事最爲繁博其餘各門殆易易耳學者既通文法明大義苟得此書則可以盡讀羣書無不能解者其所譯定西人名稱即可爲他日國語解之用繙譯西書名號參差宜倣遼金元三史國語解之例整齊畫一公定譯名他日續譯者毋許擅易雖非徒蒙拾之助而學童得此其成學更事半功倍也以上諸書朋輩中多言其不容緩者南海康先生草定凡例命啓超等編之已五年矣玩忽時日殺青無期順德何君穗田義士也頃集義款開幼學書局於澳門聯合同志共襄斯舉擬先成識字文法歌訣問答四種今歲夏間即當脫稿由澳門廣時務報館印行其名物一書亦已開編矣

西文西語之當習今之談洋務者莫不言之矣雖然有欲學焉而爲通事爲買辦以謀衣食者有欲學焉而通古今中外窮理極物强國保敎者受學之始不可不自審也今沿江沿海各省其標名中西學館英文書塾以敎授者多至不可勝數彼其用意大抵若前之說而已其由後之說者則概乎未始有聞也昧者以爲是西學將興吾謂若輩之所爲於亡中學則有餘至西學之能與與否則非吾之所敢言也吾聞西國學士非通拉丁文不得與試蓋拉丁文者英法俄德諸文之所從出彼中績學之士其著書發論篇中每帶拉丁文法（如中國之能文者多用先秦漢魏語）若未經從事者讀之多不解焉聖祖仁皇帝每日召西人入內授拉體諾文二小時拉體諾卽拉丁也今之學者每於學英法文將成之時始習拉丁然聞之由英法以上追拉丁則學之甚難由拉丁以下通英法則學之甚易故學童受學之始以先習拉丁爲善云又嘗見西人習華文之書大抵皆日用應酬口頭常語其究心訓詁義理者絕少故西人之旅中土者多能操華言至其能讀書者希焉能以華文綴文著書者益希焉雖由華文之繁難亦由彼之學者不得其書也今之敎授西文者其蔽亦坐是故造就通事買辦則有餘培養人才則不足有志於是者宜學彼中學人之所學毋學此間市井洋傭之所學先其文言後其俚語則庶幾矣

記曰十年出就外傅學書計六藝之目禮樂射御書數是知古人於數計一學與書並重無人不學無人不能後世俗儒鄙爲小道不復厝意晚近有顓此以名家者則又羣推爲絕學皆陋之甚也今宜令學童自八歲以上卽授之以心算漸及筆算之加減乘除通分小數比例開方等及幾何之淺理令演之極熟稍長以後以次授代微積稍深之法事半功倍年未弱冠可以以疇人鳴於時矣

嘗見西人幼學之書分功課爲一百分而由家中敎授者居七十二分由同學熏習者居九分由師長傳授者不

過十九分耳。兒童幼時。母親於父。日用飲食。歌唱嬉戲。隨機指點。因勢利導。何在非學。何事非教。孟母遷室。教子俎豆。其前事矣。故美國嬰兒學塾。近年教習。皆改用婦人。以其閑靜細密。且能與兒童親也。中國婦學不講。爲人母者。半不識字。安能教人。始基之壞。實已坐此。今此事既未克驟改。至其就學之後。一切教法。亦宜稍變。無俾爾許人才。皆汩沒於學究之手。記曰。八歲入小學。又曰。十年出就外傅。今將八歲以上。十二年以下。略審中人之資。所能從事者。擬爲一功課表。世之愛子弟者。或有取焉。（行此功課數年則能讀經史格致等書其功課別詳他篇）

每日八下鐘上學。師徒合誦讚揚孔教歌一遍。然後肄業。

八下鐘受歌訣書。日盡一課。（每課二百字）每課以誦二十遍爲率。

九下鐘受問答書。日盡一課。（凡問答書皆歌訣書之注疏問答書之第一課即解歌訣書之第一課餘同）不必成誦。師爲解其義。明日按所問而使學童答之。答竟。則授以下課。

十下鐘。剛日受算學。柔日受圖學。

凡受算學。先習筆算。一年以後。漸及代數。每日由師命二題。令學童布算。

凡受圖學。先習簡明總圖。漸及各國省縣分圖。以紙摹印寫之。日約盡一縣。印畢。由師隨舉所已習者。令學童指其所在之經緯度。

十一下鐘。受文法。師以俚語述意。令學童以文言達之。每日五句。漸加至五十句。

十二下鐘。散學。

一下鐘。復集習體操。略依幼學操身之法。或一月或兩月盡一課。由師指授。操畢。聽其玩耍不禁。

二下鐘。受西文。依西人教學童之書。日盡一課。
三下鐘受書法。中文西文各半下鐘。每日各二十字。漸加至各百字。
四下鐘受說部書。指新編者言師爲解說。不限多少。其學童欲涉獵他種書者。亦聽。
五下鐘散學。師徒合誦愛國歌一遍。然後各歸。
每十日一休沐。至日師徒晨集堂中。祀孔子。畢合誦贊揚聖教歌一遍。各散歸。凡孔子卒日。及萬壽日。各休沐五日。

記曰。少成若性。謂其耳目未雜。習氣未入。質地瑩潔。受教易易也。故曲禮少儀弟子職等篇。謹其灑掃應對。導以忠信篤敬。大抵薰陶其德性之事。十居八九焉。朱子曰。小學是做人的樣子。陸子曰。雖不識一字。亦須還我堂堂地做個人。人人而無教。則做人之道。尙不自知。雖謂之非人可矣。今之學童。其生長羅綺叢中者。每聽其驕侈淫佚。日與燕朋狎客相逐。而莫之禁。其三家村子。則又聽其跳野頑劣。蠻俗襤褸。而莫之敎。學舍如溷圊。學童如丐兒。及其稍長也。則授之以高頭講章。翰苑楷格。語之曰。如是則可以攫青紫。如是則可以摟黃白。學者自幼至壯。舍儳偉苟且誕詐汚賤之外。更無所聞。則以爲是固宜然矣。善夫吾友嚴又陵之言曰。八股之害。錮智慧。壞心術。滋游手。當其做秀才之日。務使之習爲剿竊詭隨之事。致令羞惡是非之心。旦暮梏亡。消磨歲月於無用之地。墮壞志節於冥昧之中。長人虛驕。昏人神智。嗚呼。幾何其不率四萬萬之人。以盡入於無恥也。吾聞泰西諸國。雖皇子之貴。亦入兵船充水手。循循率敎。事其師如長官。以視吾之驕侈淫佚者何如矣。又聞諸國雖孤兒罪童。亦設校以敎之。無不衣服整潔。禮儀彬洽。其視吾之蠻俗頑劣者何如矣。又聞美國學童。跬步必肅。言笑不苟。詢其故。則曰。他日吾將爲總統長國家。恐有失德。聲名敗裂。爲衆所擯也。美國例凡經人告訟者不得舉總統其視吾之哦講章。摹楷格。以僥倖於富貴。武斷於鄉曲者。又何如矣。

古人有言曰。人不昏宦情欲失半。此至言也。記曰。男子三十而娶。又曰。三十曰壯。有室。今西俗亦然。弱冠以後。父母則不之養。使其自謀衣食。足資俯畜。然後敢及昏事。蓋人生十五至三十。力强年富。正受學之時。苟以此十餘年之功。殫以向學。其高才可以通徹今古。經營四方。其中人以下。亦能治生干祿。無憂饑寒矣。今也不然。口尚乳臭。卽懷昏媾。蚤作夜思。寤寐反側。雖或展卷。甯復厝心。年十七八。居然有室。日夕纏綿。歌泣疲精。敝魂於牀笫之側。未及三十。兒女成行。家累日重。於是忽焉捐棄其疇昔之所欲學者。而持籌握算。作家人語矣。是故早婚之大害有三。縱欲溺志。一也。伐性夭年。二也。重累廢學。三也。舉國人才。其潛銷暗蝕於此間者。何可勝道。積重難返。習焉莫怪。非細故矣。傳曰。君子愛人以德。小人愛人以姑息。爲人父母者。宜何擇焉。今之爲教也。欲其子弟之長而爲士者。與欲其子弟之長。而爲農爲工爲商爲兵者。則其教之之法大異。此最可笑之事也。彼其爲士者。舍八股試帖律賦白摺之外。無所謂爲學也。其不習八股試帖律賦白摺者。則亦不能目之爲士也。以故教之之法。畫然兩途。今夫爲士者。而不教之明庶物達世情。故逢掖累億。動如木偶。其坐此躋顯位致厚實者。千人中不過一二人。其小得志。榮於鄉里者。不過十人。其靑一衿。差足自養者。亦不過數十人。自餘九百。無以自給。欲農則不能舉耜。欲商則不能握算。卽不轉溝壑。亦無人趣矣。爲農爲工爲商爲兵者。而不教之以識大義。通文法。則愚者若海絨。悍者若野兒。算百十之數。艱於演微積。聞孔孟之名。詫若說鬼狐。名非野蠻。其實不能以寸矣。故善爲教者。必使舉國之人。無貴賤。無不學。學焉者。自十二歲以下。其教法無不同。入學之始。教以識字。慧者及八歲。鈍者及十歲。中西有用之字皆識矣。（蘇州彭君新三擬創教識字法。爲方格書字於其上。字之下注西字。其旁加圈。識字有一義者識一圈。有數義者識數圈。師爲授其音。解其義。令學童按圈覆述之。中文既識。則及西文。洵簡易之法也。）然後按前者所列之功課表。而以授之。慧者及十二歲。鈍者及十五歲。則一切學問大綱節目。略有所聞矣。自此以往。其有欲習專門者。可更入中學大學。肄精數載。以求大成。其欲改就他業者。亦既飫道義。濡文敎。大之必不爲作奸犯科之事。小之亦能爲仰事俯畜之謀。於此而猶有爲盜賊爲奸細者乎。無有也。猶有爲游手爲餓殍者乎。無有也。衣食足。禮義興。以此導民。何民不智。以此保國。何國不强。孟子不云乎。逸居而無敎。則近於禽獸。今夫舉一國之子弟。而委諸蠢陋野悍迂謬猥賤之學究之手。欲不謂之無敎焉。不可得也。夫以數千年文明之中國。人民之衆甲大地。而不免近於禽獸。其誰之恥歟。顧亭林曰。天下興亡。匹夫之賤。與有責焉已耳。人人以爲吾無責也。其亡忽焉也。人人以爲吾有責也。其興浡然也。今與天下論變法。脣焦舌敝。聞者必曰。此肉食者之事。吾雖有志焉。而莫能逮也。若夫吾有子弟。吾自誨者。肉食曰可。不能助我。肉食曰否。不能阻我。轉圜之間。天下改觀。夫孰爲無責。而孰爲有責矣乎。康誥曰。作新民。國者民之積也。未有其民不新。而其國能立者。彼法國日本維新之治。其本原所自。昭昭然矣。詩曰。惟彼哲人。告之話言。愼德之行。其惟愚人。覆謂我譖。人各有心。是則可爲痛哭流涕者也。

學校餘論

軍興以前。中國之學堂，惟有同文館廣方言館等所在。屈指可數。生徒不滿千計。是以粱啓超憂之。軍興以後。廟謨諄諄。野議繽繽。則咸以振興學校爲第一義。上自京師。下及省會。訖於巖邑。兩歲之間。踵武數十。其以故有書院改課增課者稱是。其倡議而未成。成而未及知者。亦稱是。雖比之泰西各國萬不逮一。然風氣之開。不可謂無其幾也。然而梁啓超愈益憂之。憂之奈何。曰今之以學校爲第一義者。豈不以育人才乎哉。雖然。彼向之同文館水師學堂等。其設心也。曷嘗不惟育才之爲務。然至今數十年。未嘗有非常之才出乎其間。以效用於天下。天下所共聞也。今之興學堂者。其意甯不曰吾今之爲此。必有以異於彼所云也。然而吾竊量其他日之所成就。必無以遠過於彼。且猶或弗逮。何也。表正者影直。表趦者景邪。此公理之易明者也。彼同文館等之設。其原奏檔案所稱不過以交涉日夥。覊寄需人。思通其語言。毋受矇蔽。故其所成就。上焉者足備總署使館之繙譯。下焉者可充海關洋行之通事。彼其所求之者固如是而已。故雖以丁韙良傅蘭雅等爲之教習。不可謂非彼中文學之士。然而所成卒不過是。何也。所以爲教者未得其道也。今教之之道。舉無以過於彼。而教習之才。又遠出丁傅下。其聘用西人者。半屬無賴之工匠。不學之教士。其用華人者。則皆向者諸館之學生。學焉而未成。成焉而不適於用者也。其尤下者。香港甯波之衣食於西人者也。教之之道既如彼。教之之人復如此。以故吾敢量其它日之所成。且或弗逮也。夫所謂教之未得其道者何也。自古未有不通他國之學而能通本國之學者。亦未有不通本國之學而能通他國之學者。西人之教也。先學本國文法。乃進求萬國文法。先受本國輿地史志教宗性理。乃進求萬國輿地史志教宗性理。此各國學校之所同也。今中國之爲洋學者。其能識華字聯綴書成俗語者。十而四五焉。其能通華文文法者。百而四五焉。其能言中國輿地史志教宗性理者。殆幾絕也。此其故何也。彼設學之始。其意以爲吾之教此輩也。不過責之以譯文傳語。爲交涉之間所有事。若夫經世之義。修齊治平之道。別有所謂揣摩講章唾掇甲第之人以講求之。而不必以望於此輩。故其學中所設雖有華文功課一門。不過循例奉行。苟以塞責。

實則視為無足重輕之事。其西文總教習等。既於中學毫髮未有所聞。而其所謂華文分教習者。又大半鄉曲學究。抱兔園冊子謂為絕學。以此而欲造人才。烏可得也。然使於中學雖不甚厝意。而於西學實有所大成。猶可言也。凡學西文者。大率五六年後。乃始能盡通其文規。可以讀其書。知其義。無所於閡。而今之治此學者。往往學四五年。輒以譯人之才。囂然自大。出而謀衣食。自此以往。卽與學絕。而究其前數年所學者。不過語句拼字文法之類。去西學尚遠甚。今夫能作華語粗解華文之人。不能命為中學之人才。此五尺之童之所共明也。然則能作西語粗解西文之人。不能命為西學之人才。昭昭然矣。故恆有彝其語。彝其服。日以西學自鳴於口岸。而叩以彼中政治學術形勢情實。其所見聞。視我輩之待命舌人者。尚或有間。何則。學與不學之異也。夫此四五年之間。於中國之學。既已循例若贅閣束。一切則其所誦經書。祇能謂之認字。其所課策論。祇能謂之習文法。而絕不能謂之中學。其西學亦然。極其能事。乃亦不過在認字與習文法之二事。是直謂之未學焉可已。今以國家之所旁求。天下之所側望。翹首企踵。以謂他日撥亂反正之才。將取於是。而其究竟。乃卒歸於未學。此余所以悁悁而悲也。然則奈何。曰無徒重西文教習。而必聘通儒為華文教習。以立其本。無僅學西文。而必各持一專門之西學。以致其用。斯二義者立。夫乃謂之學。今日之學。當以政學為主義。以藝學為附庸。政學之成較易。藝學之成較難。政學之用較廣。藝學之用較狹。使其國有政才而無藝才也。則行政之人。振興藝事。直易易耳。卽不爾。而借才異地。用客卿而操縱之。無所不可也。使其國有藝才而無政才也。則絕技雖多。執政者不知所以用之。其終也。必為他人所用。今之中國。其習專門之業。稍有成就。散而處於歐墨各國者。固不乏人。獨其講求古今中外治天下之道。深知其意者。殆不多見。此所以雖有一二藝才。而卒無用也。抑欲為藝學者。奉一專門名家之西人以為師。雖於中國之學不識一字可也。欲爲政學者。必於中國前古之積弊。知其所以然。近今之情勢。知其所終極。故非深於中學者不能治此業。彼夫西人之著書爲我借箸者。與今世所謂洋務中人。介於達官市儈之間。而日日攘臂言新法者。其於西政非不少有所知也。而於吾中國之情勢政俗。未嘗通習。則其言也必窒礙不可行。非不可行也。行之而不知其本。不以其道也。於是有志經世者。或取其言而試行之。一行而不效。則反以爲新法之罪。近今之大局。未始不壞於此也。故今日欲儲人才。必以通習六經經世之義。歷代掌故之迹。知其所以然之故。而參合之於西政。以求致用者爲第一等。求之古人。則有若漢之長沙子政。武侯。秦之景略。後周之王朴。宋之荆公。夾漈。永嘉。元之貴與。明之姚江。國朝之船山。梨洲。亭林。默深。庶幾近之。求之西域。則彼中政治學院之制略以公理公法之書爲經。以希臘羅馬古史爲緯。以近政近事爲用。其學焉而成者。則於治天下之道。及古人治天下之法。與夫治今日之天下所當有事。若集兩造而辨曲直。陳緇羔而指白黑。故入官以後。敷政優優。所謂學其所用。用其所學。以故逢掖之間無棄才。而國家收養士之效。日本之當路知此義。變法則獨先學校。學校則首重政治。采歐洲之法而行之以日本之道。是以不三十年而崛起於東瀛也。今中國而不思自強則已。苟猶思之。其必自興政學始。宜以六經諸子爲經。（經學必以子學相輔，然後知經學之用。諸子亦皆欲以所學易天下者也。）而以西人公理公法之書輔之。以求治天下之道。以歷朝掌故爲緯。而以希臘羅馬古史輔之。以求古人治天下之法。以按切當今時勢爲用。而以各國近政近事輔之。以求治今日之天下所當有事。苟由此道得師而教之。使學者知今日之制度。何者合於古。何者戾於今。何者當復古。何者當變古。古人之制度。何者視今日爲善。何者視今日爲不善。何者可行之於今日。何者不可行於今日。西人之制度。何者可行於中國。何者不可行於中國。何者宜緩。何者宜急。條理萬端。燭照數計。成竹在胸。遇事不撓。

此學若成。則眞今日救時之良才也。易曰。正其本。萬事理。失之毫釐。繆以千里。不此之務。則雖糜巨萬之貲。竭數十年之力。僅爲洋人廣蓄買辦之才。靡捄於國。靡造於民。吾恐它日必有達識之士。以學堂爲詬病者。彼海軍一政。日本講之而得强。中國講之而得削。其名不殊。其實大異。烏乎。其無使今日之學堂等於昔日之海軍也。問者曰。子偏重政學。子薄藝學乎。藝學者。西人所以致富强之原也。釋之曰。予烏敢薄藝學。顧欲治藝學者。必廣備諸器以藉試驗。歷履諸地以資測勘。教習必分請顓門。學生必儲之綺歲。吾度今者諸學生經費之所入。尚未足以語於此也。若治政學者。則坐一室可以知四海。陳羣籍可以得折衷。雖十室之邑。中人之產。猶能舉之。故吾謂政學之成較易。藝學之成較難也。若夫有大力者。能剏博物之院。開比較之廠。聚其才俊。以前民用。此又國之命脈也。夫烏得而薄之。吾直異夫今之言學堂者。上焉於政無所達。下焉於藝無所成。而徒考績於口舌之間。自畫於同文方言之一義。而欲以天下才望之於其徒也。

論譯書

兵家曰。知己知彼。百戰百勝。諒哉言乎。中國見敗之道有二。始焉不知敵之强而敗。繼焉不知敵之所以强而敗。始焉之敗。猶可言也。彼直未知耳。一旦情見勢迫。幡然而悟。奮然而興。不難也。昔日本是也。尊攘論起。閉關自大。既受俄德美劫盟之辱。乃忍恥變法。盡取西人之所學而學之。遂有今日也。繼焉之敗。不可言也。中國既累遇挫衄。魂悸膽裂。官之接西官。如鼠遇虎。商之媚西商。如蟻附羶。其上之階顯秩。下之號名士者。則無不以通達洋務自表異。究其日日所抵掌而鼓舌者。苟以入諸西國通人之耳。諒無一語不足以發噱。謀國者始焉不用其言而敗。繼焉用其言而亦敗。是故不知焉者其禍小。知而不知。不知而自謂知焉者其禍大。中國之效西法三十年矣。謂其不知也。則彼固孜孜焉以效人也。謂其知也。則何以效之愈久。而去之愈遠也。甲自謂知而詆人之不知。自丙視之則乙固失而甲亦未爲得也。今人自謂知而詆昔人之不知。自後人視之。則昨固非而今亦未爲是也。三十年之敗。坐是焉耳。問者曰。吾子爲是言。然則吾子其知之矣。曰惡。某則何足以知之。抑豈惟吾不足以知而已。恐天下之大。其眞知者。殆亦無幾人也。凡論一事。治一學。則必有其中之層累曲折。非入其中不能悉也。非讀其專門之書。不能明也。譬之尋常譚經濟者。苟不治經術。不誦史。不讀律。不講天下郡國利病。則其言必無當也。西人致强之道。條理萬端。迭相牽引。互爲本原。歷時千百年。以講求之。聚衆千百輩。以討論之。著書千百種。以發揮之。苟不讀其書。而欲據其外見之粗迹。以臆度其短長。雖大賢不能也。然則苟非通西文肄西籍者。雖欲知之。其孰從而知之。不甯惟是。居今日之天下。而欲參西法以救中國。又必非徒通西文肄西籍遂可以從事也。必其人固嘗邃於經術。熟於史。明於律。習於天下郡國利病。於吾中國所以治天下之道。靡不挈樞振領而深知其意。其於西書亦然。深究其所謂迭相牽引互爲本原者。而得其立法之所自。通變之所由。而合之以吾中國古今政俗之異。而會通之。以求其可行。夫是之謂眞知。今夫人生不過數十寒暑。自其治經術誦史讀律講天下郡國利病。洎其稍有所得。而其年固已壯矣。當其孩提也。未嘗受他國語言文字。及其既壯。雖或有志於是。而妻子仕宦事事相逼。其勢必不能爲學童挾書伏案故態。又每求效太速。不能俯首忍性。以致力於初學蹇澀之事。因怠因棄。蓋中年以往。欲有所成於西文。信哉難矣。夫以中學西學之不能偏廢也如彼。而其難相兼也又如此。是以天下之大。而能眞知者。殆無幾人也。

夫使我不知彼而彼亦不知我猶未爲害也西國自有明互市以來其教士已將中國經史記載譯以拉丁英法各文康熙間法人於巴黎都城設漢文館爰及近歲諸國繼踵都會之地咸建一區庋藏漢文之書無慮千數百種其譯成西文者浩博如全史三通繁縟如國朝經說猥陋如稗官小說莫不各以其本國語言翻行流布其他種無論矣乃至以吾中國人欲自知吾國之虛實與夫舊事新政恆反藉彼中人所著書重譯歸來乃悉一二（以吾所見日本人之清國百年史支那通覽清國工商業指掌其中已多有中國人前此不及自知者西文此類之書當復不少）昔遼耶律德光謂晉臣曰中國事吾皆知之吾國事汝曹不知也以區區之遼猶且持此道以亡中國況聲明文物典章制度遠出於遼人萬萬者乎

欲救斯弊厥有二義其一使天下學子自幼咸習西文其二取西人有用之書悉譯成華字斯二者不可缺一而由前之說其收效必在十年以後（今之年逾弱冠已通中學者多不能專力西文故必取少年而陶鎔之非十年以後不能有成）由後之說則一書既出盡天下有志之士皆受其益數年之間流風沾被可以大成今之中國汲汲顧影深惟治標之義不得不先取中學成材之士而教之養其大器以爲救焚拯溺之用且學校貢舉之議既倡舉國喁喁嚮風而一切要籍不備萬一則將何所挾持以教士取士耶故譯書實本原之本原也大哉聖人乎太祖高皇帝命子弟近臣肄唐古忒文誦蒙古記載遂以撫蒙古太宗文皇帝受命建國首以國書譯史鑑乃悉知九州扼塞及古今用兵之道遂以屋明社聖祖仁皇帝萬幾之暇日以二小時就西士習拉體諾文任南懷仁等至卿貳採其書以定曆法高宗純皇帝開四庫館譯出西書四十一家悉予箸錄宣宗成皇帝時俄羅斯獻書三百五十餘號有詔庋祕府擇要譯布然則當祖宗之世邊患未形外侮未亟猶重之也如此苟其處今日之天下則必以譯書爲强國第一義昭昭然也且論者亦知泰東西諸國其盛强果何自耶泰西格致性理之學原於希臘法律政治之學原於羅馬歐洲諸國各以

其國之今文。譯希臘羅馬之古籍。譯成各書。立於學官。列於科目。舉國習之。得以神明其法。而損益其制。故文明之效。極於今日。俄羅斯崎嶇窮北。受轄蒙古。垂數百年。典章蕩盡。大彼得躬游列國。盡收其書。譯爲俄文。以敎其民。俄强至今。日本自彬田翼等。始以和文譯荷蘭書。洎尼虛曼子身逃美。歸而大暢斯旨。至今日本書會。凡西人致用之籍。靡不有譯本。故其變法灼見本原。一發即中。遂成雄國。斯豈非其明效大驗耶。彼族知其然也。故每成一書。展轉互譯。英著朝脫稿。而法文之本夕陳於巴黎之肆矣。法籍昨汗青。而德文之編今庋於柏林之庫矣。世之守舊者。徒以讀人之書師人之法爲可恥。而甯知人之所以有今日者。未有不自讀人之書師人之法而來也。

問者曰。中國自通商以來。京師譯署。天津水師學堂。上海製造局。福州船政局。及西國敎會醫院。凡譯出之書。不下數百種。使天下有志之士。盡此數百種而讀之。所聞不已多乎。曰。此眞學究一孔之論。而吾向者所謂知而不知。不知而自謂知焉者也。有人於此。挾其節本儀禮左傳。而自命經術。抱其綱鑑易知錄廿一史彈詞。而自詡史才。稍有識者。未嘗不嗤其非也。今以西人每年每國新著之書。動數萬卷。（英國倫敦藏書樓光緒十年一年中新增之書三萬一千七百四十七卷他年稱是他國亦稱是美國則四倍之日本亦每歲數千卷。）舉吾所譯之區區。置於其間。其視一蟲一蝨不如矣。況所譯者未必爲彼中之善本也。即善本矣。而彼中羣學日新月異。新法一出。而舊論輒廢。其有吾方視爲瓌寶。而彼久吐棄不屑道者。比比然也。即不如是。而口授者未必能無失其意也。筆授者未必能無武斷其詞也。善夫馬君眉叔之言曰。今之譯者。大抵於外國之語言。或稍涉其藩籬。而其文字之微辭奧旨。與夫各國之所謂古文詞者。率茫然未識其名劃。或僅通外國文字語言。而漢文則麤陋鄙俚。未窺門徑。使之從事譯書。閱者展卷未終。俗惡之氣。觸人欲嘔。又或轉請西人之稍通華語者。爲之口述。而旁聽者乃爲彷彿摹寫其詞中所欲達之意。其未能達者。則又參以己意而武斷其間。蓋通洋文者。不達漢文。通漢文者。又不達洋文。亦何怪乎所譯之書。皆駁雜迂訛。爲天下識者鄙夷而訕笑也。（適可齋記言四）吁中國舊譯之病。盡於是矣。雖其中體例嚴謹。文筆雅馴者。未始無之。而駁雜繁蕪。訛謬俚俗。十居六七。是此三百餘種之書。所存不及其半矣。而又授守舊家以口實。謂西學之書。皆出猥陋俗儒之手。不足以寓目。是益爲西學病也。故今日而言譯書。當首立三義。一曰擇當譯之本。二曰定公譯之例。三曰養能譯之才。

請言譯本。中國官局舊譯之書。兵學幾居其半。中國素未與西人相接。其相接者兵而已。於是震動於其屢敗之烈。怵然以西人之兵法爲可懼。謂彼之所以駕我者兵也。吾但能師此長技。他不足敵也。故其所譯。專以兵爲主。其間及算學電學化學水學諸門者。則皆將資以製造。以爲强兵之用。此爲宗旨刺謬之第一事。起點既誤。則諸綫隨之。今將擇書而譯。當知西人之所强者兵。而所以强者不在兵。不師其所以强。而欲師其所强。是由欲前而卻行也。達於此義。則兵學之書。雖毋譯焉可也。

中國之則例律案。可謂繁矣。以視西人。則彼之繁。十倍於我而未已也。第中國之律例。一成而不易。鏤之金石。懸之國門。如斯而已。可行與否。非所問也。有司奉行與否。非所禁也。西國則不然。議法與行法。分任其人。法之既定。付所司行之。豪釐之差。不容假借。其不可行也。尅日付議而更張之。故其律例。無時而不變。亦無時而不行。各省署之章程是已。記曰。不知來。視諸往。西國各種之章程。類皆經數百年數百人數百事之閱歷。而講求損益。以漸進於美備者也。中國仿行西法。動多窒礙。始事之難。斯固然也。未經閱歷。於此事之層累曲折。末從識也。則莫如借他人所閱歷有得者。而因而用之。日本是也。日本法規之書。至纖至悉。皆因西人之成法。而損益焉也。故今日欲舉百廢。新庶政。當以盡譯西國章程之書爲第一義。（近譯出者有水師章程德國議院章程倫敦鐵路公司章程航海章程行船免衝章程等然其細已甚矣）

今之攘臂以言學堂者紛如矣。中西書院之建置，亦幾於徧行省矣。詢其所以爲教者，則茫然未知所從也。上之無師，下之無書。中學既已東閣，西學亦罕問津，究其極也，以數年之功，而所課者不過西語西文。夫僅能語能文，則烏可以爲學也。西人學堂悉有專書，歲爲一編，月爲一卷，日爲一課。小學有小學之課，中學有中學之課，專門之學各有其專門之課。其爲課也，舉學堂之諸生無不同也；舉國之學堂無不同也。計日以程，循序而進，故其師之教也不勞，而其徒之成就也甚易。今既知學校爲立國之本，則宜取其學堂定課之書，繙成淺語，以頒於各學，使之依文按日而授之，則雖中才亦可勝教習之任。其課既畢，而其學自成，數年之間，彬彬如矣。（舊譯此類書極少，惟啓悟初津爲幼學極淺之書，幼童衛生編、筆算數學略近之。）

國與國並立而有交際，人與人相處而有要約，政法之所由立也。中國惟不講此學，故外之不能與與國爭存，內之不能使吾民得所。夫政法者，立國之本也。日本變法，則先其本；中國變法，則務其末。是以事雖同，而效乃大異也。故今日之計，莫急於改憲法。必盡取其國律、民律、商律、刑律等書而廣譯之。如羅瑪律要（爲諸國定律之祖）、諸國律例異同、諸國商律考異、民主與君主經國之經、公法例案（備載一切交涉事件原委）、條約集成（自古迄今宇下各國凡有條約無不備載，譯成可三四百卷）等書，（以上諸書馬氏所舉。製造局所譯各國交涉公法論，似即公法例案之節本。）皆當速譯。中國舊譯，惟同文館本多法家言，丁韙良蓋治此學也。然彼時筆受者，皆館中新學諸生，未受專門，不能深知其意，故義多闇曶。即如法國律例一書，歐洲亦以爲善本，而館譯之本往往不能達其意，且常有一字一句之顛倒漏略，至與原文相反者。又律法之讀，尤重在律意。法則有時與地之各不相宜，意則古今中外之所同也。今欲變通舊制，必盡采西人律意之書，而斟酌損益之，通以歷代變遷之所自，按以今日時勢之可行，則體用備矣。（舊譯無政法類之書，惟佐治芻言一種耳。）

史者所以通知古今國之鑑也中國之史長於言事西國之史長於言政言事者之所重在一朝一姓興亡之所由謂之君史言政者之所重在一城一鄉教養之所起謂之民史故外史中有農業史商業史工藝史礦史交際史理學史（謂格致等新理）等名實史裁之正軌也言其新政者十九世紀史（西人以耶穌紀年自一千八百年至九百年謂之十九世紀凡歐洲一切新政皆於此百年內涛興故百年內之史最可觀近譯泰西新史攬要即此類書也惟闕非彼中善本）等撰記之家不一而足擇要廣譯以觀西人變法之始情狀若何亦所謂借他人之閱歷而用之也（舊譯此類書有大英國志俄史輯譯法國志略英法俄德四國志略等然太簡略不足以資考鏡故史學書尚當廣譯）

西人每歲必有一籍紀其國之大政大事議院之言論近世譯者名之爲藍皮書蓋國之情實與其舉措略具於是矣宜每年取各國此籍盡譯之則能知其目前之情形無事可以借鑑有事可以知備若苦繁重未能盡譯則擇撮要之數國譯之其餘諸國則彼中每年有將各國情實編爲成書者製造局舊譯列國歲計政要是也惜僅得癸酉一年後此蓋闕若能續譯至今則二十年來西方之形勢皆瞭如指掌中國學者或不至眢闇若是耳

欲與自然之利則農學爲本今西人種植之法糞漑之法畜牧之法漁澤之法及各種農具皆日新月異李提摩太謂中國欲開地利苟參用西法則民間所入可驟增一倍補益可謂極大矣然舊譯農書不過數種且皆簡略末從取資故譯農書爲當務之急也

譯出礦學之書多言鍊礦之法未及察礦之法今宜補譯然此事非習西文入其專門學堂且多經勘驗不爲功也

中國之人耐勞苦而工價賤他日必以工立國者也宜廣集西人各種工藝之書譯成淺語以教小民使能知其法通其用若能使中國人人各習一業則國立强矣舊譯有西藝知新等書言小工之學工程致富考工記要等

書言大工之學。格致彙編中亦多言工藝。惟西人此學日進無疆。苟能廣譯。多多益善也。通商以後。西來孔道。爲我國大漏卮。華商之不敵洋商也。洋商有學而華商無學也。彼中富國學之書。（日本名爲經濟書）皆合地球萬國之民情物產。而盈虛消息之至。其轉運之法。銷售之法。孜孜討論。精益求精。今中國欲與泰西爭利。非盡通其學不可。故商務書當廣譯。（舊譯有富國策富國養民策保富述要等書佐治芻言下卷亦言此學）

泰西自希臘强盛時。文物即已大開。他里斯等七人。號稱七賢。專以窮理格物之學。提倡一世。而額拉吉來圖。梭格拉底。拍勒圖。什匿克。安得臣。知阿眞尼。雅里大各德。謨吉利圖。阼士阿士對等。先後以理學名。亞力斯多德爾。比太哥拉。歐几里得。提馬華多。而司諸人。闡發物理。所著各籍。玄深微妙。近世格致家言。皆祖之。其後果魯西亞士。白分道弗等。以匹夫發明公理。爲後世公法之所祖。故欲通西學者。必導原於希臘羅馬名理諸書。猶欲通中學者。必導原於三代古籍周秦諸子也。舊譯此類書甚寡。惟明人所譯有名理探空際格致等書。然未盡精要。且語多詰屈。近譯者有治功天演論辨學啓蒙等書。（幾何原本奈端數理等爲算理之書算理者理學中之一種也）

以上各門。略舉大概。舊所已有者略之。舊所寡有者詳之。實則西人政學百新。無一書無獨到處。雖悉其所著而譯布之。豈患多哉。特草剙之始。未能廣譯。則先後緩急。亦當有次。蒙既未習西文。未闚西籍。率其臆見。豈有所當。惟存其一說。以備有力者之采擇而已。至如同一門類之書。則當於數書之中。擇其佳者。（如記西國百年以來事實者彼中無慮數十家近人所譯馬懇西氏之書闕非善本也）或擇其後出者。其有已譯之書。而近歲有續編及駁議等編。皆當補譯。以成一家之言。此亦譚譯本者所當留意也。

請言譯例。譯書之難讀。莫甚於名號之不一。同一物也。同一名也。此書既與彼書異。一書之中。前後又互異。則讀者目迷五色莫知所從道咸以來考据金元史稗言西北地理之學蔚爲大觀究其所日日爭辯於紙上者大率不外人名地名對音轉音之異同使當日先有一遼金元三史國語解之類之書泐定畫一凡撰述之家罔不遵守則後人之治此學者可無齗齗也今欲整頓譯事莫急於編定此書昔傅蘭雅在製造局所譯化學汽機各書皆列中西名目表廣州所譯之西藥略釋亦有病名藥名等表皆中文西文兩者並列其意最美時務報所譯各名亦於卷末附中西文合璧表欲使後之讀者知吾所譯之名卽西人之某名其有訛誤可更正之其無訛誤可沿用之此整頓畫一之道也惜未悉心考据未能作爲定本（製造局之名目表則大佳他日可以沿用矣）今區其門目約有數事

一曰人名地名高鳳謙曰西人語言佶屈聱牙急讀爲一音緩讀爲二三音且齊人譯之爲齊音楚人譯之爲楚音故同一名也百人譯之而百異瀛寰志略所載國名之歧多至不可紀極宜將羅馬字母編爲一書自一字至十數字按字排列注以中音外國用英語爲主以前此譯書多用英文也中國以京語爲主以天下所通行也自茲以後無論以中譯西以西譯中皆視此爲本可謂精當之論惟前此已譯之名則宜一以通行者爲主舊譯之本多出閩粵人之手雖其名號參用方音者今悉無取更張卽間有聲讀之誤亦當沿用蓋地名人名祇爲記號而設求其舉此號而聞者知爲何人何地足矣近人著書或矜言釐正如謂英吉利乃一島之稱稱其國名則當云白爾登謂西伯利亞之音不合宜易爲悉畢爾之類徒亂人意蓋無取焉今宜取通行最久人人共讀之書剌取其譯名泐爲定本其續譯之本有名目爲舊譯所無者然後一以英語京語爲主則盡善矣

二曰官制有義可譯則譯義義不可譯乃譯音此不易之法也人名地名不過記號之用譯音已足至如官制一途等差甚繁職掌各別若徒譯音則無以見其職位若何及所掌何事如水師章程等書滿紙不相連屬之字鉤

轕格礙萬難强記，此一蔽也。若一以中國官比例之，則多有西官爲中土所無者。康成注經，以漢況周，論者猶譏其不類。況於習俗迥殊，沿革懸絶，且中國官制名實不副，宰相不與機務，兵部不掌軍權，自餘一切罔不類是。然則以中例西，雖品位不謬，職掌已未必脗合。如守土大吏率加督撫之號，統兵大員概從提鎮之名，鹿馬同形，安見其當。至於中土本無此官，强爲附合者，其爲乖謬，益不待言，此又一蔽也。今宜博采各國官制之書，譯一通表，先用西文列西名，詳記其居何品秩，掌何職守，然後刺取古今官制與之相當者，爲譯一定名。今有其官，則用今名；今無其官，則用古名；古今悉無，乃用西音繙出名之。中國官稱喜襲古號，即如巡撫僉副都之銜，而遂號中丞；知州非司牧之任，而沿稱刺吏。凡此之類，不一而足，皆於正名之誼有乖，然人人知其爲同名異實，無所不可。若以西官襲中號，則人將因其所定之名以求其所掌之職，苟立名不慎，則讀者鮮不誤會。即如英國印度之長官與威而士之長官，譯者皆名之爲印度總督、威而士總督，而不知其權迥異也。此等之類極多，不可枚舉。取參錯之名而比較以定之，此事最難。如歷代職官表，可謂近代博大明備之書，然其定例以本朝官爲主，而列歷代之名於下，其前代有此官而本朝竟無之者，已多漏略失載，而其中以古制勉强牽合今制，實則其職絶不相類者，尤屬不少。夫同在中國，數其沿革，尚且若茲之難，況以中例西耶？故苟其職爲古今悉無者，切不可勉强牽合，無寧譯西音而注其職掌而已。此後凡譯書者，皆當按西文查表，溝若畫一，則耳目不亂，制置釐然矣。若未能就此盛業，亦當於譯出之每官名下，詳注其品秩職掌，勿使學者疑焉。日本近日官制悉倣西法，而其官名率多漢唐遺稱，若有中國古今悉無之官，則用日本名稱亦大佳也。

三曰名物。高鳳謙曰：泰西之於中國，亙古不相往來，即一器一物之微，亦各自爲風氣。有泰西所有中國所無者，有中國所有泰西所無者，有中西俱有而爲用各異者，至名號則絶無相通。譯者不能知其詳，以意爲之名，往往同此一物，二書異名。且其物爲中國所本有者，亦不能舉中國之名以實之。今宜將泰西所有之物，如六十四原質之類，及一切日用常物，一一考据，其爲中國所有者，以中名名之；中國所無者，則徧考已譯之書，擇其通用者用之；其並未見於譯書者，則酌度其物之原質與其功用，而別爲一名。其論韙矣。有生以來，萬物遞嬗，自大草大木大鳥大獸之世界。以變爲人類之世界。自石刀銅刀鐵刀之世界。而變爲今日之世界。其間產物生滅相代。其種非一。或古有今無。或今有古無。或古今俱有之。而古人未能別析其名。（如六十四原質自古人視之則統名爲氣爲土爲石而已）至於人造之物。日新月異。其名目之增。尤不可紀極。西人惟文字與語言合也。故既有一物。則有一音。有一字。有一名。中國惟文字與語言分也。故古有今無之物。古人造一字以名之者。今其物既已無存。則其字亦爲無用。其今有之物。既無其字。則不得不借古有之字。而强名之。此假借之例。所以孳乳益多也。然以虛字假實字。沿用已久。尚無不可。（不字焉字之字也字哉字之類）以實物而復假他實字以爲用。則鮮不眩矣。且新出之事物日多。豈能悉假古字。故爲今之計。必以造新字爲第一義。近譯諸名。如汽字之類。假借字也。如六十四原質。鋅鉑鉀等之類。造新字也。傅蘭雅譯化學書。取各原質之本名。擇其第一音譯成華文。而附益以偏旁。屬金類者加金旁。屬石類者加石旁。此法最善。他日所譯名物。宜通用其例。乃至屬魚類者加魚旁。屬鳥類者加鳥旁。屬木類者加木旁。屬器類者加匚旁。自餘一切。罔不如是。既無稱名繁重之苦。又得察類辨物之益。定名之後。仍用名目表之法。並列兩文。以資證引。此譯家正名之宏軌矣。

四曰律度量衡。列國並立。則衡量必不一。列國既通。則必於其不一者。而思所以一之。李斯之制秦權秦量是也。今將譯通萬國之籍。亟宜取萬國之律度衡量。列爲一表。一英尺爲中國若干尺。一英里爲中國若干里。一磅一佛郎一羅卜等爲中國若干金。其西國之名。皆宜劃一。（如或稱佛郎或稱法蘭格或稱羅卜或稱盧布或稱留之類）各國類別。勿有罣漏。四明沈氏。有中國度量權衡表一書。惜未大備。掇拾補苴之。斯成大觀矣。

五曰紀年。以孔子生年爲主。次列中國歷代君主紀年。次列西曆紀年。次列印度舊曆紀年。次列回回曆紀年。次列日本紀年通爲一表。其有小國雖紀年不同。而無大事可載記者。暫略之。它日譯書依名從主人之義。凡記某國之事。則以其國之紀年爲正文。而以孔子生年及中國歷代紀年旁注於下。

譯書有二蔽。一曰徇華文而失西義。二曰徇西文而梗華讀。夫既言之矣。繙譯之事。莫先於內典。繙譯之本。亦莫善於內典。故今日言譯例。當法內典。自鳩摩羅什實叉難陀。皆深通華文。不著筆受。元奘之譯瑜伽師地論等。先游身毒。學其語。受其義。歸而記憶其所得。從而筆之。言譯者當以此義爲最上。舌人相承。斯已下矣。凡譯書者。將使人深知其意。苟其意靡失。雖取其文而删增之。顚倒之。未爲害也。然必譯書者之所學與著書者之所學相去不遠。乃可以語於是。近嚴又陵新譯治功天演論。用此道也。

凡義法奧賾條理繁密之書。必就其本文分別標識。則讀者易了。經學以儀禮爲最繁密。故治儀禮學者。分章節務極細。佛學以相宗爲最奧賾。故治慈恩學者。修科文務極詳。今西人格致律法諸書。其繁賾與相宗禮學相埒。凡譯此類書。宜悉仿內典分科之例。條分縷析。庶易曉暢。省讀者心力。近英人潘愼文新譯格物質學。頗得此意。

其或佳書舊有譯本。而譯文佶屈爲病。不可讀者。當取原書重譯之。南書涅槃經。經謝靈運再治。而大義畢顯。華嚴楞伽皆經唐譯。而可讀。其前事也。如同文館舊譯之富國策。而時務報有重譯之本。廣學會舊譯之泰西新史攬要。而湖南有删節之編。咸晾原書曉暢數倍。亦一道也。

舌人聲價日益增重。譯成一籍。費已不貲。而譯局四設。各不相謀。往往有同此一書。彼此並譯。昔製造局所繙化學鑑原。並時繙者凡有四本。黃金虛牝。良可歎嗟。今宜定一通例。各局擬譯之書。先期互告。各相避就。無取駢拇。然此非有司之力。殆未易整齊也。

請言譯才。凡譯書者。於華文西文及其所譯書中所言顓門之學。三者具通。斯爲上才。通二者次之。僅通一則不能以才稱矣。近譯西書之中。算書最佳。而幾何原本尤爲之魁。蓋利徐偉李皆邃於算。而文辭足以達之也。故三者之中。又以通學爲上。而通文乃其次也。今國家之設方言學堂。其意則非教之以學也。不過藉爲譯署使館之通事而已。故其學生亦鮮以學自厲。肄業數年。粗識蠻語。一書未讀。輒已出學。若此類者。殆十而六七也。夫執略解華文能操華語之人。而授之以先秦兩漢舊籍。欲其索解焉不可得也。今責此輩以譯西文。殆猶是也。故欲求譯才。必自設繙譯學堂始。馬建忠曰。繙譯書院之學生。選分兩班。一選已曉英文或法文。年近二十。而姿質在中人以上者十餘名入院。校其所造英法文之淺深。酌量補讀。而日譯新事數篇。以爲功課。加讀漢文。由唐宋八家上溯周秦諸子。日課論說。使辭達理舉。如是一年。即可從事繙譯。一選長於漢文。年近二十。而天姿絕人者。亦十餘名。每日限時課讀英法文字。上及拉丁希臘語言。果能功課不輟。不過二年。洋文即可通曉。適可齋記言四 其言韙矣入學堂一二年以後。即以譯書爲功課。譯才成而譯出之書亦已充棟矣。此最美之道也。惟譯天算格致聲光化電法律等專門之書。則又非分門肄習。潛心數載。不爲功也。

日本與我爲同文之國。自昔行用漢文。自和文肇興。而平假名片假名等。始與漢文相雜廁。然漢文猶居十六七。日本自維新以後。銳意西學。所繙彼中之書。要者略備。其本國新著之書。亦多可觀。今誠能習日文以譯日書。用力甚尠。而獲益甚鉅。計日文之易成約有數端。音少。一也。音皆中之所有。無棘刺扞格之音。二也。文法疏闊。三也。名物象事。多與中土相同。四也。漢文居十六七。五也。故黃君公度謂可不學而能。苟能强記。半歲無不盡通者。以此視西文。抑又事半功倍也。

論變法必自平滿漢之界始

自大地初有生物，以至於今日，凡數萬年，相爭相奪，相搏相噬，遞爲强弱，遞爲起滅，一言以蔽之曰：爭種族而已。始焉物與物爭，繼焉人與物爭，終焉人與人爭。始焉蠻野之人與蠻野之人爭，繼焉文明之人與蠻野之人爭，終焉文明之人與文明之人爭。茫茫後顧，未始有極。嗚呼！此生存相競之公例，雖聖人無如之何者也。由是觀之，一世界中其種族之差別愈多，則其爭亂愈甚，而文明之進愈難；其種族之差別愈少，則其爭亂愈息，而文明之進愈速。全世界且然，況劃而名之曰一國，內含數箇小異之種，而外與數箇大異之種相遇者乎？

夫世界之起初，其種族之差別多至不可紀極，而其後日以減少者，此何故乎？憑優勝劣敗之公理，劣種之人，必爲優種者所吞噬所朘削，日侵月蝕，日澌月滅，以至於盡，而世界中遂無復此種族。蓋地球自有人類以來，其蹈此覆轍者，不知幾何姓矣。雖然，追原有生之始，同是劣種而已，而其後乃能獨有所謂優種，以別異於羣劣種而戰勝於他種者何也？數種相合，而種之改良起焉。所合愈廣，則其改良愈盛，而優劣遂不可同年而語矣。夫世界種族之差別，必日趨於減少，此自然之勢也，而所以減少差別之法，不外乎澌滅與合並之二者。非優則劣，非勝則敗，苟不改良，必致滅亡，無中立之理焉。有統治種族之權者，當何擇也？

今且勿論他洲，勿論他國，先以支那論之。在昔春秋之間，秦楚吳越皆謂之夷狄，而巴蜀滇桂南越至秦漢間猶謂之羌，謂之西南夷。夫夷狄之稱何自起乎？蔑視異種人之名耳。今夫秦，今之陝西；楚，今之湖南；吳，今之江南；越，今之浙江也；巴蜀，今之四川；滇，今之雲南；桂，今之廣西；南越，今之廣東也。當時皆與中原之人異種，互相猜而不相通。無以異於今之滿漢也。自漢以後。支那之所以漸進於文明。成爲優種人者。則以諸種之相合也。惟其相合。故能並存。就今日觀之。誰能於支那四百兆人中。而別其孰爲秦之戎。孰爲楚之蠻也。孰爲巴之羌。滇之夷也。反之則春秋以前。雜居於內地者。有所謂潞戎徐戎萊戎淮夷陸渾之戎。有所謂赤狄白狄長狄。其種別之繁。不可數計。今無一存焉。則以劣種戰敗。而澌滅以至於盡也。今猶有苗種獞種猺種等。與優種人錯居。而不相合。然其殘喘殆亦不可以久矣。何也。不合則必爭。爭而必有一敗。而勝敗之數。恆視其優劣以爲憑故也。今夫滿人與漢人。孰爲優種。孰爲劣種。不待知者而決矣。然則吾所謂平滿漢之界者。爲漢人計乎。爲滿人計耳。

或曰。如子之言。則自五胡北魏遼金元以來。遊牧之種。狎主中夏。而蒙古之兵。为東轄高麗。北統俄羅斯。西侵歐洲。南呑緬甸越南。迫印度阿剌伯回回之種。撫有希臘羅馬西班牙印度之地。峨特狄打牲之種。亦曾蹂躪半歐。然則優勝劣敗之說。未可憑。而子所憂者。特過慮耳。答之曰。不然。夫種戰者。非決於一時。而已。其最後之勝敗。往往戰於數百年以前。而決於數百年以後。彼洪水前之時。主持世界者爲巨鳥大獸。人生其間。其勢固不足與之敵。徒受其殘暴而已。而其最後之戰。人卒能勝禽獸者。則用智與用力之異也。故世界之進化愈盛。則恃力者愈弱。而恃智者愈强。俄之能逐蒙古。西班牙之能逐回部。希臘之能反土耳其。皆其證也。故卽使以數百年前滿洲强悍之人種。生於今日。猶不能安然獨立於競智諸强國間也。況如今之滿人者。强悍之氣已失。蒙昧之性未改。而欲免朘削澌滅之禍。其可得乎。

夫以黃色種人與白色種人相較。其爲優爲劣。在今日固有間矣。至其末後之戰。勝敗如何。則未能懸定也。雖然欲種戰之勝。必自進種改良始。而支那之人數。實居黃種十之七八焉。然則支那之存亡。係於黃種之勝敗。而宰治支那者。甯忍置全種數百兆人於死地。聽其永永沈淪。永永糜爛。而不以易其一日之歡娛富貴。徒認漢人爲異種。爲不利於己。而不知更有異種之大不利者過此萬萬也。是則旁觀所代爲惕息。而局中人所宜痛哭流涕者也。

今試言滿人他日之後患。抑壓之政。行之既久。激力所發。遂生大動。全國志士。必將有米利堅獨立之事。有法蘭西西班牙革命之舉。彼時滿人噬臍無及。固無論矣。即不然。守今日頑固之政體。不及數年。必受分割。分割之際。會匪乘起。暴徒橫行。政府之威力。既不能行於地方。則民皆將任意報其所仇憤。其他吾不敢知。而各省駐防之滿人。其無噍類也必矣。分割以後。則漢人滿人。雖同爲奴隸。然漢人人數太多。才智不少。尚可謀聯合以爲恢復獨立之事。滿人則既寡且愚且弱。雖不遭報復於漢人。亦長爲白種之牛馬而已。且漢人之農者工者。其操作最勤。其價值甚廉。他日全地球力作之業。尚藉漢人爲一轉輸之紐。而南美非洲太平洋未闢之地。皆賴漢人以墾之以實之。故漢士雖分割。而漢人仍可以有權力於世界之上。即受鈐制。而終能以自存。若滿人則數百年來。不耕而食。不織而衣。其全部五百萬人。不能爲士。不能爲農。不能爲工。不能爲商。一旦分割。政權財權兵權三者。既歸白種人之手。彼時欲求一飯之飽。一椽之安。可復得乎。然則滿人所自以爲得計者。正其自取滅亡之道。眞所謂醫渴而飲鴆者也。

聖哉我皇上也。康南海之奏對。其政策之大宗。旨曰滿漢不分。居民同治。斯言也。滿洲全部人所最不樂聞者也。而我皇上深嘉納之。將實見諸施行焉。雖被掣肘。未能有成。然合體之義。實起點於茲矣。滿人之仇視皇上也。謂皇上有私愛於漢人。有偏憎於滿人。皇上最惡內務府官吏凡內務府官吏幾無一人不帶處分者故內務府之人仇視皇上尤甚每曰使皇上得志吾等無噉飯處矣故前者外廷傳播皇上許多失德之事今年傳言皇上久病難痊皆內務府之言也夫皇上豈惟無私愛無偏憎而已哉。其所以爲漢人計者。不過十之四。其所以爲滿人計者。乃十之六也。今滿洲某大臣之言曰。變法者漢人之利也。而滿人之害也。滿人之阻撓變法。惑於斯言也。吾今請舉利害之事而質言之。譬之十人同附一舟。中流遇風。將就覆溺。於是附舟者呼號協力以助舵櫓之役。則於操舟之主人。爲有利乎。爲有害乎。譬之十人同旅一室。中夜遇火。將就燬燼。於是旅居者呼號協力以謀洴澼之勞。則於居室之主人。爲有利乎。爲有害乎。夫當此危急存亡之際。而舟之獲濟也。而室之獲全也。彼附舟與旅居者所得之利。則在能保生命也。而舟室主人所得之利。則既獲生命。又不失其舟不失其室焉。是附者旅者之利一。而主人之利二也。反是則同舟而敵國。同室而操戈。未有不速其覆亡。同歸於盡者也。惟國亦然。彼漢人之日日呼號協力以求變法者。懼國之亡。而四百兆同胞之生命將不保也。若滿人能變法以圖存。則非惟生命可保。而宰治支那之光榮。猶可以不失焉。故曰漢人之利害惟一。而滿人之利害則二也。夫以公天下之大義言之。則凡屬國民。皆有愛國憂國之職分焉。不容有滿漢君民之界也。即以家天下之理勢言之。則如孿體之人。利害相共。尤不能有滿漢君民之界也。

今我國之志士。有憤嫉滿人之深閉固拒。思倡爲滿漢分治之論。倡爲革命之論者。雖然。其必有益於支那乎。則非吾之所敢言也。何也。凡所謂志士者。以保全本國爲主義也。今我國民智未開。明自由之眞理者甚少。若倡革命。則必不能如美國之成就。而其糜爛將有甚於法蘭西西班牙者。且二十行省之大。四百餘州之多。四百兆民之衆。家揭竿而戶稱號。互攻互爭互殺。將爲百十國而有未定也。而何能變法之言。即不爾。而羣雄乘勢剖而食之。事未成而國已裂矣。故革命者。最險之着。而亦最下之策也。至於分治之說。則尤爲不達事理焉。匈牙利之與澳大利也，蘇格蘭之與英倫也，名爲合國分治，而其中窒礙之情形，固已甚多矣。況我國民之智慧遠下於奧匈、英蘇數等地方自治之體段尚未胚胎，而何能治乎？且以大同之義言之，凡在未合之國、未合之種，尚且當設法以合之，豈於已合者而更分之哉？況如彼之說，將置我聖天子於何地也？夫當我支那至危極險、山窮水盡之時，而忽有我英明仁厚、剛斷通達之皇上以臨之，以滿洲頑陋閉塞偏狹之種人，而忽有我不分畛域、大公無我之皇上以御之，殆非偶然焉。殆天未欲絶我滿漢兩種之人，而思有以拯之也。此吾所以殷然有合體之望，而亟欲爲兩種人告也。

夫滿漢之界，至今日而極矣。雖然，此界之起，起自漢人乎？起自滿人耳。天下一家，三百年矣。支那民氣素靜，相安相習，固已甚久。乃無端忽焉畫鴻溝以限之，曰某事者漢人之私利也，某事者漢人之陰謀也，雖有外患，置之不顧，而惟以防家賊爲言。夫國家既以賊視其民，則民之以賊自居，固其所也。昔英法之民變，先後並起，英人達於大勢，急弛其閑，平民之權，故英之皇統，至今無恙，安富尊榮，冠萬國焉。法人從而壓制之，箝軛之，刀俎之，而路易之祚，自茲遂絶，當法亂沸騰之頃，法皇及其貴族，乃至求爲一平民而不可得。合兩國之前事以觀之，孰爲智，孰爲愚，不可不審也。彼日本德川氏之持國柄，垂三百年，太平之澤，沐浴人心，百國諸侯，皆其指臂，而其末葉之敗亡，若摧枯拉朽者，豈非以自生界限，拂國民之性，而逆大局之勢乎？吾一不解今日之滿洲政府何以勇於求禍若是，雖不爲滿漢兩種之民計，獨不爲一己之身家計乎？

夫以理論之既如彼矣，以勢論之則如此矣，然則平滿漢之界，誠支那自強之第一階梯也。今請言平之之條理。

一曰散籍貫。向例凡漢人皆稱某府某縣人，凡滿人皆稱某旗人某旗云者，兵籍之表記也。當國初之際，滿洲人盡爲兵。且在塞外爲游牧之國。無有定居。故以旗別焉。今則情形大殊。昔之行國易爲居國矣。昔之事爲兵者今則不盡然矣。何必更留此名以獨異於齊民哉。故宜各因其所居之地注其民籍與漢人一律。則畛域之見自化矣。二曰通婚姻。當順治元年。攝政睿親王入關之始。卽下詔命滿漢通婚姻。此誠合種之遠謀經國之特識也。使當時能實行之。則至今三百年。久已天下一家。無所謂滿無所謂漢矣。而國初疑忌尙多。此議卒廢。界限日積日深。遂有今日。今欲決其藩籬。非此不可。且滿漢所以難通婚姻者。則漢人婦女纏足。不無窒礙焉。今各省戒纏足之會。紛紛並起。若朝廷因勢而利導之。乘此機會定滿漢互婚之例。旣掃積弊。又得大益矣。三曰幷官缺。國初定制。每部之官缺必滿漢各半。故國朝之官多倍於前朝焉。夫以漢人之數百倍於滿人。而得官之數僅與相等。論者莫不謂漢人之虧屈甚矣。然苟不如是。恐益如金元故事。十缺之中漢人不得其一也。故苟滿漢之界未合。則毋甯分其缺之爲愈也。然一部之中主權者數人。互相牽制。互相推諉。其弊終至於一事不能辦。故欲變法。非幷官缺不可也。而欲幷官缺。非先裁滿漢之界不可也。四曰廣生計。國家定例。凡旗人皆列兵籍。給以口糧。不使其營他業焉。其本意欲養勁旅以備非常。且加優恤以示區別也。然承平旣久。此輩老弱駑惰。已無復可用。而他業又爲功令所禁。於是乎不能爲士。不能爲農。不能爲工。不能爲商。並且不能爲兵。而國家歲糜鉅帑以贍之。運南漕以給之。故八旗生計。爲數百年來談治家之一大問題。夫以數百萬滿人不自爲生。而仰食於國家。則國家受其病。然徒豢養之而不導以謀生之路。則滿人亦何嘗不受其病乎。譬之父母之愛子者。將養其子終身使之無所事事。然後爲愛乎。抑責督其學。導引其業。使之自謀生計。然後爲愛乎。然則國家之以養滿人爲愛滿人者。實則累滿人耳。滿人之以仰給國家爲得計者。實則自累耳。故計莫如弛旗丁營業之禁。免口糧供給之例。使人人各有所業，則國家與滿人均受其利矣。凡此四端，行之數年，成效必著。雖然，其人存則其政舉，其人亡則其政息，持此義以告於今之當局，其猶勸操莽使讓位，責虎狼以返哺也。嗚呼，非我聖皇莫之能任也。

要而論之，種戰之大例，自有生以來，至於今日，日益以劇。大抵其種愈大者，則其戰愈大，而其勝敗愈有關係。善爲戰者，知非合種不能與他種敵，故專務溝而通之。詩所謂兄弟鬩於牆，外禦其侮也。不善戰者，不知大異種之可畏，而惟小異種之相仇，傳所謂鷸蚌相持，漁人獲其利也。今全世界大異之種，泰西人區其別爲五焉，彼三種者不足論矣。自此以往，百年之中，實黃種與白種人玄黃血戰之時也。然則吾之所願望者，又豈惟平滿漢之界而已，直當凡我黃種人之界而悉平之，而支那界，而日本界，而高麗界，而蒙古界，而暹羅界，以迄亞洲諸國之界，太平洋諸島之界，而悉平之，以與白色種人相馳驅於九萬里周徑之戰場，是則二十世紀之所當有事也。雖然，黃種之人，支那居其七八焉，故言合種必自支那始。

論金銀漲落

粱啓超讀楊通政請仿造金銀錢摺，以問於求在我者，曰：其何如？求在我者曰：其所憂者是也，其所以憂之者則猶未也。原議以生銀鑄成，先令樣式，此議之可行與否，應以鑄成以後外國能否一律通用爲斷。查歐美各國，皆有自定圜法通行本國。同治五年，法、比、意、瑞四國以本國圜法其成色、式樣、輕重、大小無不一一相等，因聯公會，議定四國鑄成金銀錢，彼此國庫皆准抵用，而收付銀錢則以一百佛郎爲限，是則四國所鑄金銀，其分兩成色式樣原無出入，而非預聯公會，彼此仍難抵用者明矣。今中國而按照外洋分兩成色式樣仿造金銀錢，若不先與會議。其難以抵用者亦明矣。卽使先與會議。彼此抵用。則通用銀錢。亦有限制。而金貴銀賤之弊。亦難補救。何則。議者以爲英國先令。只重一錢五分。而足抵四錢四分生銀之用。我亦可以一錢五分之生銀。鑄成與英先同式等重之華先。購船械還借款。以抵四錢四分之價。不知英先以見錢收付。只限十九枚。其二十枚以外。則用金磅。是則我以生銀鑄成華先。卽能抵用。而於購械還債。亦只可以權鉅款之尾數。限以十數枚而止。而應付鉅款。仍宜以時價極賤之生銀。購回極貴之金磅以償之。然則自鑄先令也。於銀賤金貴之極弊。何補。至如總署復片。謂由官定價。每一華先合銀四錢四分。著爲令。務使通行國中。則外國卽不肯抵用。而以我金銀錢易得之生銀與之。其數亦適相準。又云或疑以錢五分之華先。收閭閻四錢有奇之生銀。損下益上。勢必不行。要知國幣者。非論分兩也。乃憑據也。信票也。民間行店。以銀易京蚨數千至百兩千兩之紙票。何以流通。國家以銀錢爲票出入相準。以示信。尙何損益之有云云。其說似甚辨。不知彼之以英先重一錢五分。而可抵四錢四分之用。佛郎重一錢有零。而可抵四錢之用者。非其國之威令能迫其民必遵行也。蓋彼國以金爲正幣。若夫非金之品。若銀若銅若鎳。因以子母其金錢者。亦必以金抵之。故於鑄金錢流通外。凡鑄銀錢若干枚流用民間。卽提若干重金。適當銀錢所值之數。另存以待取。故民雖手持不足價之銀錢。而信其可以換等價之金也。故用之而不疑。泰西諸國有純用金者英美諸國是也有金銀並用者法比瑞諸國是也日本號之爲單本位兩本位純用金者先令等銀幣只可兌金兩磅過此只照銀價論金銀並用者自五佛郎銀幣起至數千萬皆可向庫兌金錢純用金則金之磨耗必巨並用銀則提存之金亦不非而要之無論純用並用之國凡每鑄銀錢若干必提等價之金若干存於庫中此是定例時務報第二十册載日本改定圜法章程第十款云日本銀行應設法將庫中所存之銀盡行換金第十一款云新定圜法施行之前須先貯新鑄金圓合一萬萬圓卽其例也日本現章蓋猶金銀並用之國也然則中國而欲鑄華先。以與抵用。以通行於民間也。亦應於生銀鑄錢外。更提存相當銀價之金以備焉。非是而彼必不信用也。譬之鈔幣之制。必有銀一萬圓而行一萬圓之鈔。則相與安之。若欲以銀五千圓。而行一萬圓之鈔。則必大亂。外國之銀行。中國之票號錢莊。莫不皆然。彼之用銀。其例亦猶是也。用鈔者非用鈔也。用其所代之銀也。用銀者非用銀也。用其所權之金也。今若鑄銀先令而不提存金也。吾見其不數月而弊滋起也。是宋元交子鈔引之虐政也。若提存金也。則議者欲少還金。而多鑄銀。今轉以用銀而多備金。失算甚矣。

曰若是乎銀幣之不可鑄也。曰惡是何言也。凡天下之幣。必經鑄造有成色分兩者。乃可謂之幣。譬如千錢之重爲六斤四兩。而凡言錢幣者。必舉其若干枚之數。而必不能舉其若干斤之數。此至淺之理也。今中國之銀錢。以每兩計。是何異於銅錢之以每斤計也。有以銅六斤四兩爲言者。則笑之。有以銀六兩四錢爲言者。則習之嘻。是直無圜法而已。無圜法非國也。是以洋銀入口。已得藉以持我生銀價值之漲落。不待金矣。故鑄銀。今之急務也。而特不能持一先令抵四錢四分之說。以病我民。所謂離則雙美。合則兩傷者也。

梁啓超曰。金銀價值漲落。爲今日地球第一大事。五洲之商賈。羣焉屏營憂懃。驚駭汗喘。以趨避之。五洲之士夫。羣焉比較測驗。瞀目抵掌。以論議之。五洲之政府。羣焉變革遷就。左右輕重。以維持之。然而金幣國病於金。銀幣國苦於銀。金銀兩幣國厭兩幣。使全球十四萬萬人。莫不心如懸旌。傫然有不可終日之勢。此其故何歟。非用金用銀與合用金銀之爲害。而天下各國。或用金。或用銀。或合用金銀。各不相通之爲害。以致此盈則彼絀。甲喜則乙憂。一髮牽而全身動。銅山崩而洛鐘應。天下商務之不均。其原皆起於此。今地球文治日進。交通之勢日盛。舟通車通。郵通電通。士通工通。商通物產通。語言通。文字通。其率極速。其力極大。其不能不趨於一。昭昭然矣。而所謂幣制者。猶界以國。猶域以地。以不通之事。行於大通之世。是以萬變而萬不當也。孟子曰。天下惡乎定。定於一。

故非一幣制不能平天下然今日有幣之國爲金也爲銀也爲金銀並也各有得失各有利害其將一於誰氏乎曰天下公理由質而進於文由賤而進於貴故最初有幣也用粟帛以其所有易其所無秷秸而獻焉尺寸而翦裁焉久之苦其重贅也而用鐵而用銅猶苦其重贅也而用銀猶苦其重贅也而用金今夫幣也者饑不可食寒不可衣要之持之可以得衣食實爲衣食之代數而已人人共用之代數斯爲眞數焉夫代數者必務極其簡易輕便則於人之性也愈益順（鈔幣者又代數之代數也）故地球幣制不一則已苟其一之必一於金此事理之無可如何者也今者歐美各國雖未畫一然大率皆以金爲正位（即金銀並用之國亦仍是以金爲正位）其美國合衆主銀黨必欲持平酌劑定爲金一銀十六之比例者雖爭論甚切然其勢必不行蓋地球自然之變率非人之所能遏也然則一於金幣之時局實已將及凡用兩本位之國尚有不能自持之勢而況我中國之以銀爲正位者乎而況我中國之號稱以銀爲正位而實以銅爲正位者乎（中國銅錢有圜法銀錢尚未有圜法僅以幾兩幾錢計然則中國直以銅爲正位耳與銀幣之國尚隔一層痛哉○以春秋三世言之銅爲據亂世之幣銀爲升平世之幣金爲太平世之幣○又凡必有圜法者乃可謂之幣制故中國秦漢之間雖用金而必不能指爲金幣之國）故卽靡論他事卽以國體論之亦必宜由銅而進於銀由銀而進於金乃足以列於文明諸大國之數至易明矣故今日鑄金之當急有不待辨而決者雖然既已鑄金則必以金爲正幣而成一金銀共用之國考日本此次新例第十一款新定圜法施行之前須先貯存新鑄金圓合一萬萬圓蓋既爲正位之幣流通於國則一切銀鈔皆視之爲主率故必所貯之金足以爲流通一國之用然後可無窒也故俄國將改行金幣而貯藏國庫之金至一億一千萬磅日本將改行金幣而自本年一月至五月由正金銀行購金於倫敦者六千餘萬圓與國近年所購之金亦極不尠故必得多金而後可用金此定理也中國雖以多銀聞於天下而一切礦苗開采未能如法今卽嚴申金礦出口之禁而計每年所出口不過合金磅二

百餘萬磅之數。即盡收婦女簪珥之飾。充其量亦不過數萬磅。以日本區區小國。行用金幣。猶且先貯一萬萬圓。中國人數十倍日本。爲流通行用計。當貯日圓十萬萬圓。約一萬萬磅之間即以工藝未興人尚簡省通用之幣額可節減。以折半計之。亦當先貯存金磅五千萬磅。乃可以今日中國所出之金計之。尚未敷是額也。若如俄日與諸國之例。更購金於泰西。是益增金價之飛漲。而我國受銀賤之大累者。將又添一途。此則必不可也。故不開金礦。不能言行金幣。此吾所謂一變一切變。將欲變甲。必先變乙。及其變乙。又當先丙。惟萬弩齊發。斯百廢具張。願我政府勿更以彌縫補苴之術。行之學邯鄲。未就而先失其故步也。

曰。金貴銀賤之爲大害於中國。夫人而知之矣。敢問亦有爲利於中國者乎。曰。有。以銀賤之故。中國出口貨可以暢銷。何以言之。如十年前絲價每石值銀四百兩。其時金價每磅值銀四兩。故四百兩之絲價。在洋商值一百磅。今日絲價仍值四百兩。而每磅已值八兩。則洋商只出五十磅。可得絲一石。在華商之絲價未減。而洋商計之已減至半價矣。於是法絲意絲倭絲以金價之貴。而價昂。價昂則難與華絲爭。故華絲出口加多矣。絲已然。其他出口貨亦莫不然。使吾稍講農學。繁榮其物產。雖物質稍次。而西人製造家必以其廉而爭購之。是不啻環立用金之國。爲我作淵魚叢爵也。又以銀賤之故。外國進口貨轉使之滯銷。何以言之。如十年前洋布一疋在英值金半磅。其時金磅值銀四兩。半磅價之洋布售於中國。只值二兩。今則洋布猶是也。布價如故也。然每磅已值八兩。則半價之布。在華應售四兩。華民昔以二兩購之者。今忽貴至一倍。必少購。少購則進口之布少銷。而兌出之金少。則金價亦可漸賤矣。洋布然。其他進口貨亦莫不皆然。使吾及是時也。取凡向所仰給於西貨者。皆由中國立廠自行倣造。則工料皆償以銀。而所出之貨。較之外洋以金償其工料者。其價必倍賤。於是外洋進口貨來路可以盡絕。如此則銀賤匪惟不能困我。反足以利我。昔日本是已。日本至今用金之事已定。而猶有持異議者。以謂三十年來坐它國用金本國用銀。得以增漲輸出之額。而阻閼輸入之額。而商務受非常之益。計光緒四年銀價每圓値英金四先令。是年商務僅五十八兆五十萬圓。至光緒二十二年。銀價降低其半。而商務增至二百八十九兆五千萬圓。十八年間。驟增五倍。蓋半受銀賤之賜也。今若驟變。恐失此利。今日人之持此論者尙呶呶也。上海字林西報譯日本某報云。我國若依舊用銀。則用金各國購貨於我者。必紛至沓來。倘用金幣。則反是。何也。金貴銀必賤。以金購貨於我。其利倍蓰。利之所在。人人趨之。一旦易用銀而用金。彼無利可圖。勢不能不舍是他求。向之購貨於我國者。悉改而就中國及他用銀之國。而我之銷路。豈不大滯。不甯惟是。同是用金。無所虧耗。而我國民轉因其無所虧耗。爭購貨於彼。日益見衆。輸幣外國。胡所底止。又京津西報云。日本改用金後。進口貨多。出口貨少。若不設法整頓。恐大有損於日本。而無益於銀。由日本之言。以反比例求之。則吾乘此舉天下用金之時。歸然以用銀之一國。獨立其間。加以日本新變。偪處相形。其於加增出口貨。而阻絕進口貨之道。可以事半功倍。白圭之言理財也。曰趨時若鷙鳥猛獸之發。吾以爲中國而不欲富强斯已耳。中國而猶欲富强也。此亦千載一時矣。自古未有不講商務而能立國者。亦未有不講物產工藝而能通商者。公例有然。而今日之中國。又時之不可失者也。若猶是苟且敷衍。推諉塗飾。輒以茲事體大。望洋而歎。是則以一事不辦爲宗旨。以坐視不救爲要策。斯亦已矣。又何必更鑄金銀錢之僕僕爲哉。

要之今日之中國。能開金礦。則用金莫大之利也。能興工藝。則用銀亦莫大之利也。苟不興工藝。則用銀可以貧中國。苟不開金礦。則用金亦可以貧中國。西人惟百廢具舉。商務極盛。各不相讓。故於金銀權衡。一轉移間。而非常之利害見焉。中國則此事非不爲利害也。然有存乎此事之先者。必彼之既變。然後此之可圖。孟子曰善推其所爲而已。今我政府既采通政之議。鑒於金貴銀賤之弊。而思所以救之。則亦何不念金貴銀賤之利。而思所以用之也。雖然今之譚洋務者。方且日言購船購槍礮之不暇。必欲自煎其膏。自枯其髓。以與敵人。然後爲快。而於國之工商。匪惟不教之。且又朘之削之壓之虐之。則無惑乎只受其害。而終不一受其利也。

論變法後安置守舊大臣之法

政變後數日。日本中央報載有支那細人鄒某之言曰。此次政變。非一國之公事。乃康黨之私事耳。又曰。康黨並非變法之人。皇太后與榮祿。乃眞變法之人也。今康黨既去。中國革新之事。將大成矣。又曰。榮祿嘗詢康以變法之方。康曰。變法不難。三日足矣。榮問其故。康曰。但將二品以上官盡行殺了可矣。榮惡其言。故欲去之云云。其言尚多不具引 當時局外之人。頗惑其言。乃未及數日。而黨獄大起。逮捕徧於各省。又未數日。而八股復。冗員復。弓刀石復。學校廢。特科廢。農工商局廢。報館有禁。學會有禁。士民上書有禁。新政盡翻。於是稍有識者。知鄒某之言之謬。不待辨矣。然猶或疑康南海與榮某。果有是言。以爲此次之蹉跌。實由新黨急激。有以自招之者。余故記疇昔所聞於南海者。而演繹之。以告天下。俾並世無惑。而後之變法者。亦有所采擇焉。

變法之事。布新固急。而除舊尤急。譬猶病痞者。不去其痞。而餌以參苓。則參苓之功用。皆納受於痞之中。痞益增而死益速矣。雖然變法之事。布新固難。而除舊尤難。譬猶患附骨之疽。欲療疽則骨不完。欲護骨則疽不治。故善醫舊國者。必有運斤成風。堊去而鼻不傷之手段。其庶幾矣。今守舊黨之阻撓變法也。非實有見於新法之害。於國病於民也。吾所挾以得科第者曰八股。今一變而務實學。則吾進身之階將絕也。吾所恃以致高位者曰資格。今一變而任才能。則吾驕人之具將窮也。吾所藉以充私囊者曰舞弊。今一變而覈名實。則吾子孫之謀將斷也。然猶不止此。吾今日所以得內位卿貳外擁封疆者。不知經若干年之資俸。經若干輩之奔競而始能獲也。今者循常習故。不辦一事。從容富貴。窮樂極欲。已可以生得大拜。死謚文端。家財溢百萬之金。兒孫皆一品之蔭。若一日變法。則凡任官者皆須辦事。吾將奉命而辦事耶。則既無學問。又無才幹。並無精力。何以能辦。將不辦耶。則安肯舍吾數十年資俸奔競千辛萬苦所得之高官。決然引退。以避賢者之路哉。故反覆計較。莫如出死力以阻撓之。蓋全國千萬數之守舊黨人。不謀而同心。異喙而同辭。他事不顧。而惟阻撓新法之知。語曰。衆口鑠金。聚蚊成雷。不有以安頓之。則其爲變法之阻力。未有艾也。今求安頓之之法。蓋有數焉。

一曰如其爵位。日本維新以前。公卿以數十計。藩侯以數百計。皆席數百年之業。根深蒂固。其去之之難。視我國數倍焉。乃維新之始。設五等之爵以容之。置華族以寵之。及其後立憲政治既行。則選華族之秀者爲上議院議員焉。是以羣貴帖然相安無事。今宜仿其意。滿人則自親郡王貝勒貝子鎭國公輔國公鎭國將軍奉恩將軍。漢人則自公侯伯子男輕車都尉騎都尉雲騎尉等。各因其今有之品級而授之。大率大學士軍機大臣授公爵。尙書總督授侯爵。侍郎巡撫授伯爵。三四品京堂藩臬授子男爵。其下諸官各以原品相比而授襲職焉。一切皆奉朝請。有慶典覃恩。皆得受賞賜。京官自四品以上。外官自三品以上。皆列爲貴族。他日得充上議員之任。如是則富貴不失。恩榮依然。其有才者。仍可預國事。其不肖者。亦可以支門楣。謠詠必消。阻礙自少。此一法也。

二曰免其辦事。宋之官制。有爵。有階。有官。有職。有差。今日本亦大略仿之。有爵。有階。有勳。有官。凡此諸制。驟視之似覺其無謂。然實新舊交代之際無可如何之法也。夫爵階勳官職差等名號之差別。起於何也。凡立一種之官制。其初必行之而有效。所設之官必求可以任所治之事及行之既久而疲玩生焉。舊班之官不足以任事。於是乎欲設新班以易之。然舊班之人又不能一掃而去也。於是不得不別設一名焉。以爲位置。使舊班者雖無其權。而仍有其名焉。使新班者雖無其名而可有其權焉。於是乎新舊之間可以相安。自古以來官制之變遷。未有不由此者也。今試以宰相一職論之。漢初爲相國。後更名爲大司徒。與大司馬大司空同謂之三公。東漢以後。則宰相之權。移而至尚書令錄尚書事。而三公之官猶可以不廢也。魏晉漸移而至中書令中書監。而三公及尚書令之官仍可以不廢也。降至唐初爲內史令。爲中書令。爲侍中。中葉更爲左右僕射。爲同中書門下三品。而中書令侍中之官。猶可以不廢也。至於本朝國初宰相之職。爲大學士。至雍正間。其權移而至南書房。然大學士之官。猶可以不廢也。乾隆以後更移而至軍機處。然大學士南書房之官猶可以不廢也。凡此皆以權任新官。而以名寵舊官。皆不得已之良法也。同治中興之役。胡曾左諸公。以封疆吏任練兵籌餉之事。因本省之屬員才不足用。必須調用平日親信之人。而實缺各官又不能舉而易之也。於是乎廣設諸局。以善後釐金等局代藩司之事。以保甲等局代臬司之事。其餘各事莫不設專局以辦之。下至各府州縣。皆有分局。故當軍興之時。全省之脈絡係於各局。實缺官則畫諾坐嘯而已。蓋彼實缺官者。去之則有觖望之虞。用之則有僨事之患。故爲兩全之策。莫如官自官。差自差。名之所在。與權之所在。分而爲二焉。此因時制宜之極則也。故變法之後。官制既必當變矣。則惟宜添新衙門。而勿裁舊衙門。留此尚書侍郎主事編修總督巡撫布政按察等名號。以爲老耄無用之人升轉之階。使之終其身。不失其寵榮焉。若有遷都南部之舉。則此輩聽其留守北京。如明代南京部院各官之例。此又一法也。

問者曰。徒存其名而不使治事。則其名亦必不榮。而欲其相安難矣。答之曰。是不然。今舉朝之官。本無一事可辦也。名爲大學士尚書侍郎。其實與布衣無異也。所異者其頂帶服色耳。且彼等之所以畏變法者。豈不以畏辦事乎哉。其畏辦事也。慮己不能任本官之事。而官將不保也。今既免其辦事。而又可以不失官。則一切仍其舊而已。非稍有所增損也。正中私懷。而何不相安之有。且卽以今之官制論之。詹事府國子監爲翰林升轉之階。通政光祿等卿寺爲部員升轉之階。此人人所共知者也。然則將一切舊衙門皆作爲百官升轉之階。有何不可也。且名之榮。固有足以動人者焉。自有軍機大臣以後。而大學士之員同於閒散也久矣。而宦途之以大學士爲榮如故也。然則存其名以位置舊員。可謂毫髮無憾矣。

三曰增其廉俸。今之官吏所屢足而欽羨者。則陋規也。舞弊也。京官則恃炭敬別敬也。部員則恃印結也。翰詹則望得差也。變法之後。此等當盡撤。則雖有舊官。而生計殆絕矣。故宜因其品級。而略加其廉俸。使雖不能藉官以致暴富。猶可藉官以免飢寒。亦體恤之道也。此又一法也。或疑中國款項支絀。司農仰屋之時。安可爲此坐食之徒更糜巨帑。不知苟能變法。以中國之大。籌款尚非甚難。國家雖患貧。亦不緊此區區也。

然則冗官竟不裁乎。曰。是不然。自變法之年以前起算。聽其如常遷轉。缺者則不復補。不及十年。而舊官殆將盡矣。且其中之有才而能任事者。仍可授新衙門之差遣。則新班之數日增。而舊班之數日減。此亦自然淘汰之公理也。古人之言汰冗兵者。則既如是矣。夫此法豈徒用之於裁官裁兵而已。化莠民爲良民。變學究爲志士。其道罔不由是。如此者可稱醫舊國之國手矣。

論中國宜講求法律之學

法者何。所以治其羣也。大地之中。凡有血氣者。莫不有羣。即莫不有其羣之條教部勒。大抵其羣之智愈開力愈大者。則其條教部勒愈繁。虎豹天下之至不仁者也。而不聞自噬其同類。必其一羣之中。公立此號令。而不許或犯者也。何也。以爲苟如是則於吾之羣有大不利也。此其理至簡至淺。而天下萬世之治法學者。不外是矣。其條教部勒析之愈分明。守之愈堅定者。則其族愈强。而種之權愈遠。人之所以戰勝禽獸。文明之國所以戰勝野番。胥視此也。古之號稱神聖教主。明君賢相。劬勞於席突。咨嗟於原廟者。其最大事業。則爲民定律法而已。孔子聖之神也。而後世頌其莫大功德。在作春秋。文成數萬。其指數千。有治據亂世之律法。有治升平世之律法。有治太平世之律法。所以示法之當變。變而日進也。秦漢以來。此學中絕。於是種族日繁。而法律日簡。不足資約束。事理日變。而法律一成不易。守之無可守。因相率視法律如無物。於是所謂條教部勒者。蕩然矣。泰西自希臘羅馬間。治法家之學者。繼軌並作。賡續不衰。百年以來。斯義益暢。乃至以十數布衣。主持天下之是非。使數十百暴主。戢戢受繩墨。不敢恣所欲。而舉國君民上下。權限劃然。部寺省署。議事辦事。章程日講日密。使世界漸進於文明大同之域。斯豈非仁人君子心力之爲乎。春秋之記號也。有禮義者謂之中國。無禮義者謂之夷狄。禮者何。公理而已。（以理釋禮乃漢儒訓詁本朝之焦里堂淩次仲大闡此說）義者何。權限而已。（番禺韓孔菴先生有義說專明此理）今吾中國聚四萬萬不明公理不講權限之人。以與西國相處。即使高城深池。堅革多粟。亦不過如猛虎之遇獵人。猶無幸焉矣。乃以如此之國勢。如此之政體。如此之人心風俗。猶囂囂然自居於中國。而夷狄人。無怪乎西人以我爲三等野番之國。謂天地間不容有此等人也。故今日非發明法律之學。不足以自存矣。抑又聞之。世界之進無窮極也。以今日之中國視泰西。中國固爲野蠻矣。以今之中國視苗黎猺獞及非洲之黑奴。墨洲之紅人。巫來由之棕色人。則中國固文明也。以苗黎諸種人視禽獸。則彼諸種人固亦文明也。然則文明野番之界無定者也。以比較而成耳。今泰西諸國之自命爲文明者。庸詎知數百年後。不見爲野番之尤哉。然而文明野番之界雖無定。其所以爲文明之根原則有定。有定者何。其法律愈繁備而愈公者。則愈文明。愈簡陋而愈私者。則愈野番而已。今泰西諸國。非不知公之爲美也。其仁人君子。非不竭盡心力以求大功也。而於國與國。家與家。人與人。各私其私之根原。不知所以去之。是以揆諸吾聖人大同之世。所謂至繁至公之法律。終莫得而幾也。故吾願發明西人法律之學。以文明我中國。又願發明吾聖人法律之學。以文明我地球。文明之界無盡。吾之願亦無盡也。

古議院考

問泰西各國何以强。曰議院哉。議院哉。問議院之立。其意何在。曰君權與民權合。則情易通。議法與行法分。則事易就。二者斯强矣。問子言西政。必推本於古。以求其從同之迹。敢問議院。於古有徵乎。曰法先王者法其意。議院之名。古雖無之。若其意則在昔哲王所恃以均天下也。其在易曰。上下交泰。上下不交否。其在書曰。詢謀僉同。又曰。謀及卿士。謀及庶人。其在周官曰。詢事之朝。小司寇掌其政。以致萬人而詢焉。一曰詢國危。二曰詢國遷。三曰詢立君。以衆輔志而蔽謀。其在記曰。與國人交。止於信。又曰。民之所好好之。民之所惡惡之。此之謂民之父母。好民之所惡。惡民之所好。是謂拂人之性。災必逮乎身。其在孟子曰。國人皆曰賢。然後察之。國人皆曰不可。然後察之國人皆曰可殺然後殺之洪範之卿士孟子之諸大夫上議院也洪範之庶人孟子之國人下議院也苟不由此何以能詢苟不由此何以能交苟不由此何以能見民之所好惡故雖無議院之名而有其實也漢制議員之職有三一曰諫大夫二曰博士三曰議郎通典云諫大夫掌議論無常員多至數十人漢舊儀云博士國有疑事則承問有大事則與中二千石會議（史記三王世家言臣謹與列侯臣嬰齊中二千石二千石臣賀諫大夫博士臣安等議云云又言臣青翟等與列侯吏二千石諫大夫博士臣慶等議云云又言臣青翟臣湯博士臣將行等伏聞云云又言臣謹與中二千石二千石諫大夫博士臣慶等昧死請云云儒林傳言謹與太常臧博士平等議云云蓋漢世有事無不與諫大夫博士會議者而博士爲尤重每一議必列其官且列其名史漢中多不具徵蓋博士實議員之常職也）中世以後博士多加給事中入中朝備顧問稱爲腹心上所折中定疑漢官解詁云議郎不屬署不直事國有大政大獄大禮則與中二千石博士會議夫曰多至數十人則其數與西國同曰不屬署不直事則其職與西國同國有大事乃承問會議則其開院之例與西國同或制書徵（史記儒林傳伏生孝文時徵爲博士）或大臣舉（漢書孝成本紀陽朔二年詔丞相御史與中二千石二千石雜舉可充博士位者）則其舉人之例亦與西國略同雖法之精密有未逮而規模條理亦略具矣史記叔孫通傳稱秦二世時陳涉反召博士與公卿會議然則博士主議論其制不始於漢鹽鐵論云齊宣王褒儒尊學孟軻淳於髡之徒受上大夫之祿不任職而論國事蓋亦與議郎之不屬署不直事等然則國家有議論之官其制又不始於秦齊秦漢輓近力征之邦此良法美意豈能特創蓋必於三代明王遺制有所受之矣滕文公欲行三年之喪而父兄百官皆不悅此上議院之公案也周厲無道國人流之於彘此下議院之公案也鄭人游於鄉校以議執政子產弗禁漢昭帝始元六年詔公卿問賢良文學民所疾苦遂以鹽鐵事相爭議辨論數萬言其後卒以此罷鹽鐵是雖非國家特設之議員而亦陰許行其權也至於漢官之制丞相有議曹見翟方進傳大司馬有議曹見匡衡傳車騎將軍有議曹史見匡衡傳行軍有軍正議郎見衛青傳其制尚足以

補西法所未及。又郡國皆有議曹。門下議史。見北海相景君碑陰。議曹議曹史。見倉頡廟碑陰。多不具徵　漢書朱博傳云博不愛諸生所至輒去議曹。曰豈可復用謀曹邪。是前此各郡皆有議曹矣。西國每邦謂合盟國之各邦每城皆有議會。亦卽此意也。問古議院之亡自何時乎。曰議院者民賊所最不利也。如朱博之徒。悍然以敗壞古制爲事者。蓋不知幾何人矣。問今日欲强中國宜莫亟於復議院。曰未也。凡國必風氣已開文學已盛民智已成乃可設議院。今日而開議院。取亂之道也。故强國以議院爲本。議院以學校爲本。

論中國積弱由於防弊

先王之爲天下也公。故務治事。後世之爲天下也私。故務防弊。務治事者。雖不免小弊。而利之所存。恆足以相掩。務防弊者。一弊未弭。百弊已起。如葺漏屋。愈葺愈漏。如補破衲。愈補愈破。務治事者。用得其人則治。不得其人則亂。務防弊者。用不得其人而弊滋多。卽用得其人。而事亦不治。自秦迄明。垂二千年。法禁則日密。政教則日夷。君權則日尊。國威則日損。上自庶官。下自億姓。游於文網之中。習焉安焉。馴焉擾焉。靜而不能動。愚而不能智。歷代民賊。自謂得計。變本而加厲之。及其究也。有不受節制。出於所防之外者二事。曰彝狄。曰流寇。二者一起。如湯沃雪。遂以滅亡。於是昔之所以防人者。則適足爲自敝之具而已。梁啓超曰。吾嘗讀史鑑古今成敗興廢之迹。未嘗不悁悁而悲也。古者長官有佐無貳。所以盡其權。專其責。易於考績。王制公羊傳春秋繁露所述官制莫不皆然獨周禮言建其正立其貳故既有冢宰司徒宗伯司馬司寇司空復有小宰小司徒小宗伯小司馬小司寇小司空凡正皆卿一人凡貳皆中大夫二人此今制一尙書兩侍郎之所自出周禮僞書誤盡萬世者也　漢世九卿。尙沿斯制。漢晉間太常等尙無少卿後魏太和十五年始有之　後世懼一部之事。一人獨專其權也。於是既有尙書。復有侍郎。重以管部。計一部而長官七人。

人人無權，人人無責，防之誠密矣，然不相掣肘，卽相推諉，無一事能舉也。古者大國百里，小國五十，各親其民，而上統於天子，諸侯所治之地，猶今之縣令而已。漢世猶以郡領縣，而郡守則直達天子。後世懼親民之官權力過重也，於是爲監司以防之；又慮監司之專權也，爲巡撫巡按等以防之；又慮撫按之專權也，爲節制總督以防之。防之誠密矣，然而守令竭其心力以奉長官，猶懼不得當，無暇及民事也，朘萬姓脂膏爲長官苞苴，雖厲民而位則固也。古者任官各舉其所知，內不避親，外不避讎，漢魏之間，尙存此意，故左雄在尙書，而天下號得人；毛玠崔琰爲東曹掾，而士皆砥礪名節。後世慮選人之請託，銓部之徇私也，於是崔亮裴光庭定爲年勞資格之法，孫丕揚定爲掣籤之法。防之誠密矣，然而奇才不能進，庸才不能退，則考績廢也；不爲人擇地，不爲地擇人，則吏治隳也。古者鄉官，悉用鄉人，（周禮管子國語具詳之）漢世掾尉，皆土著爲之，（京房傳房爲魏郡太守自請得除用他郡人可知漢時掾屬無不用本郡人者房之此請乃是破格）蓋使耳目相近，督察易力。後世慮其舞弊也，於是隋文革選，盡用他郡，然猶南人選南，北人選北，（宋政和六年詔知縣注選雖甚遠無過三十驛三十驛者九百里也）明之君相，以爲未足，於是創南北互選之法。防之誠密矣，然赴任之人，動數千里，必須舉債，方可到官，非貪污無以自存也；土風不諳，語言難曉，政權所寄，多在猾胥，而官爲綴旒也。古者公卿自置室老，漢世三府開閣辟士，九卿三輔郡國，咸自署吏，（顧氏日知錄云鮑宣爲豫州牧郭欽奏其舉錯煩苛代二千石署吏是知署吏乃二千石之職州牧代之尙爲煩苛今以天子而代之宜乎事煩而職不舉）所以臂指相使，情義相通。後世慮其植黨市恩也，於是一命以上，皆由吏部。防之誠密矣，然長佐不習，耳目不眞，或長官有善政而末由奉行，或小吏有異才而不能自見也。古者用人，皆久於其任，封建世卿無論矣，自餘庶官，或一職而終身任之，且長子孫焉。爰及漢世，猶存此意，故守令稱職者，璽書褒勉，或累秩至九卿，終不遷其位，蓋使習其地，因以竟其功。後世恐其久而弊生也，於是定爲幾年一任之法，又數數遷調，宜南者使之居北，知禮者使之掌刑防之誠密矣然或欲舉一事未竟而去官則其事廢也每易一任必經營有年乃更舉一事事未竟而去如初故人人不能任事而其盤踞不去世其業者乃在胥吏則吏有權而官無權也古者國有大事謀及庶人漢世亦有議郎議大夫博士議曹不屬事不直事以下士而議國政（余別有古議院考）所以通下情固邦本後世恐民之訕己也蔑其制廢其官防之誠密矣然上下隔絕民氣散耎外患一至莫能爲救也古者三公坐而論道其權重大其體尊嚴（三公者一相二伯）漢制丞相用人行政無所不統蓋君則世及而相則傳賢以相行政所以救家天下之窮也後世恐其專權敵君也漸收其權歸之尙書漸收而歸之中書而歸之侍中而歸之內閣漸易其名爲尙書令爲侍中爲左右僕射中書侍郎門下侍郎爲平章政事同三品爲大學士漸增其員爲二人爲四人乃至十人漸建其貳爲同平章事參知政事爲協辦大學士其位日卑其權日分於是宰相遂爲天子私人防之誠密矣然政無所出具官盈廷徒供畫諾推諉延閣百事叢脞也古者科舉皆出學校教之則爲師官之則爲君漢晉以降猶采虛望後世慮士之沽名官之徇私也於是爲帖括詩賦以錮之浸假而鎖院而搜檢而糊名而謄錄而迴避若夫試官固天子近侍親信之臣親試於廷然後出之者也而使命一下嚴封其宅焉所至嚴封其寓焉行也嚴封其舟車焉若檻重囚防之誠密矣然暗中摸索探籌賭戲驅人於不學導人以無恥而關節請託之弊卒未嘗絕也古之學者以文會友師儒之官以道得民後世恐其聚衆而持淸議也於是戒會黨之名嚴講學之禁防之誠密矣然而儒不談道獨學孤陋人才彫落士氣不昌徒使無忌憚之小人借此名以陷君子爲一網打盡之計也古者疑獄汎與衆共懸法象魏民悉讀之蓋使知而不犯冤而得伸後世恐其民之狡賴也端坐堂皇以聳之陳列榜楊以脅之防之誠密矣然刁豪者益藉此以嚇小民愿弱者每因此而戕身命猾吏附會例案上下其

手冤氣充塞而莫能救正也古者天子時巡與國人交君於其臣賤亦答拜漢世丞相謁天子御座爲起在輿爲下郡縣小吏常得召見後世恐天澤之分不嚴也九重深閉非執政末由得見防之誠密矣然生長深宮不聞外事見賢士大夫之時少親宦官宮妾之時多則主德必昏也上下睽孤君視臣如犬馬臣視君如國人也凡百庶政罔不類是雖更數僕悉數爲難悠悠二千歲莽莽十數姓謀謨之臣比肩掌故之書充棟要其立法之根不出此防弊之一心謬種流傳遂成通理以縝密安靜爲美德以好事喜功爲惡詞容容者有功嶢嶢者必缺在官者以持祿保位爲第一義綴學者以束身自好爲第一流大本既撥末亦隨之故語以開鐵路必曰恐妨舟車之利也語以興機器必曰恐奪小民之業也語以振商務必曰恐壞淳樸之風也語以設學會必曰恐導標榜之習也語以改科舉必曰恐開躁進之門也語以鑄幣楮必曰恐蹈宋元之轍也語以采礦產必曰恐爲晚明之續也語以變武科必曰恐民挾兵器以爲亂也語以輕刑律必曰恐民藐法紀而滋事也坐此一念百度不張譬之忡病自驚自怛以廢寢食譬之痿病不痛不癢偃臥牀蓐以待死期豈不異哉豈不傷哉防弊之心烏乎起曰起於自私請言公私之義西方之言曰人人有自主之權何謂自主之權各盡其所當爲之事各得其所應有之利公莫大焉如此則天下平矣防弊者欲使治人者有權而受治者無權收人人自主之權而歸諸一人故曰私雖然權也者兼事與利言之也使以一人能任天下人所當爲之事則卽以一人獨享天下人所當得之利君子不以爲泰也先王知其不能也故曰不患寡而患不均又曰君子有絜矩之道言公之爲美也地者積人而成國者積權而立故全權之國强缺權之國殃無權之國亡何謂全權國人各行其固有之權何謂缺權國人有有權者有不能自有其權者何謂無權不知權之所在也無權惡乎起曰始也欲以一人而奪衆人之權然衆權之繁之大非

一人之智與力所能任也。既不能任。則其權將糜散墮落。而終不能以自有。雖然。向者衆人所失之權。其不能復得如故也。於是乎不知權之所在。故防弊者始於爭權。終於讓權。何謂讓權。天下有事。上之天子。天子曰議以聞。是讓權於部院。部院議可。移文疆吏。是讓權於督撫。督撫以頒於所屬。是讓權於州縣。州縣以下於有司。是讓權於吏胥。一部之事。尙侍互讓。一省之事。督撫互讓。一君之事。君國民互讓。爭固不可也。讓亦不可也。爭者損人之權。讓者損己之權。爭者半。而讓者半。是謂缺權。擧國皆讓。是謂無權。夫自私之極。乃至無權。然則防弊何爲乎。吾請以一言蔽之曰。因噎而廢食者必死。防弊而廢事者必亡。

論報館有益於國事

覘國之强弱。則於其通塞而已。血脈不通則病。學術不通則陋。道路不通。故秦越之視肥瘠。漠不相關。言語不通。故閩粵之與中原。邈若異域。惟國亦然。上下不通。故無宣德達情之效。而舞文之吏。因緣爲奸。內外不通。故無知己知彼之能。而守舊之儒。乃鼓其舌。中國受侮數十年。坐此焉耳。

去塞求通。厥道非一。而報館其導端也。無耳目。無喉舌。是曰廢疾。今夫萬國並立。猶比鄰也。齊州以內。猶同室也。比鄰之事。而吾不知。甚乃同室所爲。不相聞問。則有耳目而無耳目。上有所措置。不能喻之民。下有所苦患。不能告之君。則有喉舌而無喉舌。其有助耳目喉舌之用。而起天下之廢疾者。則報館之爲也。

報館於古有徵乎。古者太師陳詩以觀民風。飢者歌其食。勞者歌其事。使乘輶軒以采訪之。鄉移於邑。邑移於國。國移於天子。猶民報也。公卿大夫。揄揚上德。論列政治。皇華命使。江漢紀勳。斯干考室。駉馬畜牧。君以之告臣。上以之告下。猶官報也。又如誦訓掌道方志。以詔觀事。掌道方慝。以詔辟忌。以知地俗。外史掌四方之志。達書名於四方。撢人掌誦王志道國之政事。以巡天下之邦國而語之。凡所以宣上德通下情者。非徒紀述。兼有職掌。故人主可坐一室而知四海。士夫可誦三百而知國政。三代盛强。罔不由此。

西人之大報也。議院之言論紀焉。國用之會計紀焉。人數之生死紀焉。地理之險要紀焉。民業之盈絀紀焉。學會之程課紀焉。物產之品目紀焉。鄰國之舉動紀焉。兵力之增減紀焉。律法之改變紀焉。格致之新理紀焉。器藝之新製紀焉。其分報也。言政務者。可閱官報。言地理者。可閱地學報。言兵學者。可閱水陸軍報。言農務者。可閱農學報。言商政者。可閱商會報。言醫學者。可閱醫報。言工務者。可閱工程報。言格致者。可閱各種天算聲光化電專門名家之報。有一學。卽有一報。其某學得一新義。卽某報多一新聞。體繁者證以圖。事賾者列爲表。朝登一紙。夕布萬邦。是故任事者無閡隔蒙昧之憂。言學者得觀善濯磨之益。猶恐文義太賾。不能盡人而解。故有婦女報。有孩孺報。其出報也。或季報。或月報。或半月報。或旬報。或七日報。或五日報。或三日報。或兩日報。或每日報。或半日報。國家之保護報館。如鳥鷇子。士民之嗜閱報章。如蟻附羶。閱報愈多者。其人愈智。報館愈多者。其國愈强。曰惟通之故。

其益於國事如此。故懷才抱德之士。有昨爲主筆。而今作執政者。亦有朝罷樞府。而夕進報館者。其主張國是。每與政府通聲氣。如俄土之爭戰。德奧意之聯盟。五洲之人莫不仰首企足。以觀泰晤士之議論。文甫脫稿。電已飛馳。其重之又如此。然而英國德國日本國或於報館有譏謗之律。有懲罰之條。則又何也。記載瑣故。采訪異聞。非齊東之野言。卽祕辛之雜事。閉門而造。信口以談。無補時艱。徒傷風化。其弊一也。軍事敵情。記載不實。僅憑市虎之口。罔懲夕雞之嫌。甚乃揣摩衆情。臆造詭說。海外已成劫燼。紙上猶登捷書。熒惑聽聞。貽誤大局。其弊二也。臧否人物。論列近事。毀譽憑其恩怨。筆舌甚於刀兵。或颺頌權貴。爲曳裾之階梯。或指斥富豪。作苞苴之左券。行同無賴。義乖祥言。其弊三也。操觚發論。匪有本原。蹈襲陳言。勦撮塗說。或乃才盡爲憂。敷衍塞責。討論軼聞。紀述游覽。義無足取。言之無文。其弊四也。或有譯錄。稍廣言論。足觀。刪汰穢蕪。頗知體要。而借闡宗風。不出鄭志。雖有斷章取義之縊。未免歌詩不類之憾。其弊五也。具此諸端。斯義遂梏。遂使海內一二自好之士。反視報館爲蟊賊。目報章爲妖言。古義不行。良法致弊。嗚呼。不其恫歟。

今設報於中國。而欲復西人之大觀。其勢則不能也。西國議院議定一事。布之於衆。令報館人入院珥筆而錄之。中國則諱莫如深。樞府舉動。眞相不知。無論外人也。西國人數物產民業商冊。日有記注。展卷粲然。錄副印報。與衆共悉。中國則夫家六畜。未有專司。州縣親民。於其所轄民物產業。末由周知。無論朝廷也。西人格致製造專門之業。官立學校。士立學會。講求觀摩。新法日出。故亟登報章。先覩爲快。中國則稍講此學之人。已如鳳毛麟角。安有專精其業。神明其法。而出新製也。坐此數故。則西報之長。皆非吾之所能有也。然則報之例當如何。曰。廣譯五洲近事。則閱者知全地大局。與其强盛弱亡之故。而不至夜郎自大。坐眢井以議天地矣。詳錄各省新政。則閱者知新法之實有利益。及任事人之艱難經畫。與其宗旨所在。而阻撓者或希矣。博搜交涉要案。則閱者知國體不立。受人嫚辱。律法不講。爲人愚弄。可以奮厲新學。思洗前恥矣。旁載政治學藝要書。則閱者知一切實學源流門徑。與其日新月異之迹。而不至抱八股八韻考據詞章之學。枵然而自大矣。準此行之。待以歲月。風氣漸開。百廢漸舉。國體漸立。人才漸出。十年以後。而報館之規模。亦可以漸備矣。

嗟夫中國邸報與於西報未行以前，然歷數百年未一推廣。商岸肇闢，踵事滋多，勸百諷一，裨補蓋寡。橫流益急，晦盲依然，喉舌不通，病及心腹。雖蟁蝱之力，無取負山，而精禽之心，未忘塡海。上循不非大夫之義，下附庶人市諫之條，私懷救火弗趨之愚，迫爲大聲疾呼之舉。見知見罪，悉憑當途。若聽者不亮，目爲誹言，摧萌拉櫱，其何有焉。或亦同舟共艱，念厥孤憤，提倡保護，以成區區，則顧亭林所謂天下興亡，匹夫之賤與有責焉已耳。

論加稅

今之談洋務者，不曰聯俄拒英，則曰聯英拒俄。中日之役，英人袖手，而俄仗義執言，還我遼東，此前說之所由來也。英人之官於中國者，商於中國者，傳敎於中國者，日日發論，日日著書，與夫英文各報之繙成中國文者，其言皆曰，天下仁義之國，莫若英國，親中國愛中國欲保全中國者，莫若英國。中國人習聞之而輕信之，以爲是實親我愛我欲保全我，此後說之所由來也。償款議定，國用困蹙，乃以上相持節聘列國，修好之外，兼及議加稅，則一事改値百抽五爲値百抽十。此議若行，每年入款可增千餘萬。論者以爲歐洲諸國與我交誼甚睦，得我之利益亦已甚多，其顧全商務之心亦甚重，未必區區者而不余畀也。而果也，請於俄，俄諾之；請於德法，德法諾之。向之論者以爲事垂成矣，而不意沙侯之一言梗全議也。當俄之諾也，非有愛於我也。中國之商務，俄不過二百分之一，而所認中國一千六百萬磅之國債，以關稅爲質，其願中國稅入之多，固宜也。當德法之諾也，亦非有愛於我也，彼固灼知英人之必不我許，則何樂而不以此市恩於我，而索我以他種之權利也。英之不我計也，亦不必遽然示我以無望也，外部則言權在商會，商會則言權在上海商民，明知我之無他權力，無他言論，以與彼相持也。

是故稅而不加固爲害也稅而能加亦未見其爲利也何也彼以千餘萬之入示德於我而我甯能無以爲報也由斯以談人之親我愛我欲保全我也何如矣吾聞之公法家之言曰凡世界之內名之爲國者無論爲强大爲弱小爲自主爲藩屬無不有自定稅則之權或收或免或加或減皆本國議定而他國遵行之他國或苦其所加過重祇能飭令商人不運不售而不能阻人國使不加祇能倍加我國運售彼國之入口貨稅以苦我而不能因我之加稅而以兵力相見此地球萬國之所同也是故約章與稅則兩者各不相蒙約章者兩國之公權也稅則者一國之私權也中國通商之始情形未熟英人陰謀以紿我盛氣以劫我令將稅則載入約章於是私權變爲公權自主成爲無主以致有今日之事人之親我愛我欲保全我也又何如矣又聞日本當通商之始其不熟情形也與我同其見紿見劫而誤載稅則於約章也亦與我同而近歲與諸國換約稅則自由無以異於他國而我今日者以小國所能自有之利權我乃低首下心求之於人而不可得人亦何厚於日本而薄於中國乎孟子曰禍福無不自己求之者不務自立而欲倚他人以爲固則謂之求禍而已故有以聯俄拒英之說進者吾請與之言波蘭有以聯英拒俄之說進者吾請與之言印度

上南皮張尚書書

啓超鄉曲陋學十三以後得讀吾師訓士之書乃知天地間有學問之一事稍長肄業學海猥以文字受獎飾自喜非望己丑試事幸得列弟子籍顧乃遼阻道里荏苒歲月雖懷執經荷笈之志未循束修以上之義自頃摳衣捧手之際深懼舍館後見之罪何期弗訶反加獎借賜以燕見許以盡言商搉古今坐論中外激言大義不吝指

授。芻蕘涓流。靡不容採。授餐餽贐。殷勤逾恆。甯惟知己之感。實懷得師之幸。歸舟容與。喜不自勝。吾師睠焉世變默驗時局。以培養人才爲當務之急。因加意兩湖書院。武備學堂。以觀厥成。誠救亂扶危第一義也。兩湖新章。改用講授。杜册子之習。追講學之舊。至善甚盛。啓超竊惟西國學校。種類非一。條理極繁。而惟政治學院一門。於中國爲最可行。而於今日爲最有用。其爲學也。以公理（人與人相處所用謂之公理）公法（國與國相交所用謂之公法實亦公理也）爲經。以希臘羅馬古史爲緯。以近政近事爲用。其學焉而成者。則於治天下之道。及古人治天下之法。與夫治今日之天下所當有事。靡不融貫於胸中。若集兩造而辨曲直。陳緇羔而指白黑。故入官以後。敷政優優。所謂學其所用。用其所學。以故遂掖之間無棄才。而國家收養士之效。中國向於西學。僅襲皮毛。震其技藝之片長。忽其政本之大法。故方言算學製造武備諸館。頗有所建置。而政治之院。曾靡聞焉。今夫此學非西人所自刱也。吾中國三代以前不必論。後此若漢之長沙子政武侯。秦之景略。後周之王朴。宋之荆公夾漈永嘉。元之貴與。明之姚江。國朝之梨洲亭林。皆由此道。或當時行其所學而大效。或後世用其言而益大效。今之學者。既務於破碎無用。其鼓篋之始。即未嘗以治天下爲己事。故於古今治亂。中外强弱所以然之故。漠然曾未動其念。授之以事。則昏然不知其所當有事。外侮日迫。內治日隳。則瞷然莫識其所由。士夫不講此學。則市儈弄舌而横議之。中國不講此學。則外夷越俎而代謀之。夫使市儈外夷之言。果有當於措治。則亦豈有所厭惡而必爲是擯斥哉。無如此輩者。於吾古人之義理。一無所習。於吾中國之情勢。一無所通。則其言也。必窒礙不可行。非不可行也。行之不以其道也。故日本變法。以學校爲最先。而日本學校。以政治爲最重。採泰西之理法。而合之以日本之情形。講求既熟。授之以政。是以未及十年而興浡焉也。今海內大吏。求其通達西學。深見本原者。莫吾師若。求其博綜中學。精擘體要者。尤莫吾師若。

故爲今之計，莫若用政治學院之意，以提倡天下。因兩湖之舊，而示以所重，以六經諸子爲經，經學必以子學相輔，然後知六經之用，諸子亦皆欲以所學治天下者也。而以西人公理公法之書輔之，以求治天下之道；以歷朝掌故爲緯，而以希臘羅馬古史輔之，以求古人治天下之法；以按切當今時勢爲用，而以各國近政近事輔之，以求治今日之天下。所當有事數事並舉，則學者知今日之制度，何者合於古，何者戾於古，何者當復古，何者當變古；古人制度，何者視今日爲善，何者視今日爲不善，何者可行於今日，何者不可行於今日；西人之制度，何者可行於中國，何者不可行於中國，何者宜緩，何者宜急。條理萬端，燭照數計，成竹在胸，遇事不撓，此學若成，則眞今日救時之良才也。今之廢課卷而用日記，廢評列而用講授，可謂黜棄枝葉，妙探本原者也。雖然，兩湖諸生，固非若髫齔之子，未堪操觚，其斐然有述作之志者，殆不乏人也。學非一業，期於致用；言非一端，貴於可行。啓超以爲所設經學、史學、地學、算學者，皆將學焉以爲時用也，故時務一門，爲諸學之歸宿，不必立專課，而常貫於四者之中。其經學、史學、地學、算學，則爲日記以督之，以驗其學業之勤惰；其時務一門，則爲課卷以考之，以觀其學識之淺深。講時務而無四者之日記以督之，則無以正其本；講經史算地而無時務之課卷以考之，則無以徵其用。二義並行，本末咸備，體用具舉，庶於西人政治學院之規模，稍有所合，計其成就，必有可觀。且時務一門，無專書可以講授，必事事推原經史，則使彼兩院之權，苟非如此，則專門之西學，既非所諳，洋務之讕言，又非所屑，登堂緘口，未知所裁。敬陳區區，或見采擇。

與嚴幼陵先生書

幼陵先生：二月間讀賜書二十一紙，循環往復誦十數過，不忍釋手，甚爲感佩，迺至不可思議。今而知天下之愛我者。舍父師之外。無如嚴先生。天下之知我而能教我者。舍父師之外。無如嚴先生。得書即思作報。而終日冗迫。欲陳萬端。必得半日之力。始罄所懷。是以遲遲。非敢慢也。承規各節。字字金玉。數月以來。耳目所接。無非諛詞。貢高之氣。日漸增長。非有先生之言。則啓超墮落之期益近矣。啓超於學本未嘗有所顓心肆力。但憑耳食。稍有積累。性喜論議。信口輒談。每或操觚。已多窒閡。當時務報初出之第一二次也。心猶矜持。而筆不欲妄下。數月以後。譽者漸多。而漸忘其本來。又日困於賓客。每爲一文。則必匆迫草率。稿尚未脫。已付鈔胥。非直無悉心審定之時。並且無再三經目之事。非不自知其不可。而潦草塞責。亦幾不免。又常自恕。以爲此不過報章信口之談。並非著述。雖復有失。靡關本原。雖然。就今日而自觀前此之文。其欲有所更端者。蓋不啻數十百事矣。先生謂苟所學自今以往。繼續光明。則視今之言必多可悔。烏乎。何其與啓超今日之隱念相合也。然啓超常持一論。謂凡任天下事者。宜自求爲陳勝吳廣。無自求爲漢高。則百事可辦。故刱此報之意。亦不過爲椎輪。爲土階。爲天下驅除難。以俟繼起者之發揮光大之。故以爲天下古今之人之失言者多矣。吾言雖過當。亦不過居無量數失言之人之一。故每妄發而不自擇也。先生謂毫釐之差。流入衆生識田。將成千里之謬。得無視啓超過重。而視衆生太輕耶。以魂魄屬大小囟之論。聞諸穗卿。拉丁文一年有成之言。聞諸眉叔。至今自思。魂魄之論。覺有不安。而歐印性理之學。皆未厝治。未能豁然。拉丁文之說。再質之眉叔。固亦謂其不若是之易也。此亦先生所謂示人以可歆。而反爲人所藉口者矣。變法之難。先生所謂一思變甲。即須變乙。至欲變乙。又須變丙。數語盡之。啓超於此義。亦頗深知。然筆舌之間。無可如何。故諸論所言。亦恆自解脫。當其論此事也。每云必此事先辦。然後他事可辦。及其論彼事也。又云必彼事先辦。然後餘事可辦。比而觀之。固已矛盾。而其實互爲先後。迭相循環。百舉畢舉。而後一業可就。

其指事責效之論撫以自問亦自笑其欺人矣然總自持其前者椎輪土階之言因不復自束徒縱其筆端之所至以求振動已凍之腦官故習焉於自欺而不覺也先生以覺世之責相督非所敢承既承明敎此後敢益加矜慎求副盛意耳古議院考乃數年前讀史時偶有箚記遊戲之作彼時歸學倚裝匆匆不能作文故以此塞責實則啓超生平最惡人引中國古事以證西政謂彼之所長皆我所有此實吾國虛憍之結習初不欲蹈之然在報中爲中等人說法又往往自不免得先生此論以權爲斷因證中國歷古之無是物益自知其說之訛謬矣然又有疑者先生謂黃種之所以衰雖千因萬緣皆可歸獄於君主此誠懸之日月不刊之言矣顧以爲中國歷古無民主而西國有之啓超頗不謂然西史謂民主之局起於希臘羅馬啓超以爲彼之世非民主也若以彼爲民主也則吾中國古時亦可謂有民主也春秋之言治也有三世曰據亂曰升平曰太平啓超常謂據亂之世則多君爲政升平之世則一君爲政太平之世則民爲政凡世界必由據亂而升平而太平故其政也必先多君而一君而無君多君復有二種一曰封建二曰世卿故其政無論自天子出自諸侯出自大夫出陪臣執國命而皆可謂之多君之世（古人自士以上皆稱君）封建之爲多君也人多知之世卿之爲多君也人恆昧之其實其理至易明世卿之俗必分人爲數等一切事權皆操之上等人其下等人終身累世爲奴隸上等之與下等不通昏姻不交語不並坐故其等永不相亂而其事權永不相越以啓超所聞希臘羅馬昔有之議政院則皆王族世爵主其事其爲法也國中之人可以舉議員者無幾輩焉可以任議員者益無幾輩焉惟此數貴族展轉代與父子兄弟世居要津相繼相及耳至於蚩蚩之氓豈直不能與聞國事彼其待之且將不以人類彼其政也不過如魯之三桓晉之六卿鄭之七穆楚之屈景故其權恆不在君而在得政之人後之世家不察以爲是實民權夫彼民則何權歟周厲無

道流之於堯而共和執政國朝入關以前太宗與七貝勒朝會燕饗皆並坐餉械虜掠皆並分謂之八公此等事謂之君權歟則君之權誠不能專也謂之民權歟則民權究何在也故啓超以爲此皆多君之世去民主尚隔兩層此似與先生議院在權之論復相應先生以爲何如地學家言土中層累皆有一定不聞花剛石之下有物迹層不聞飛鼉大鳥世界以前復有人類惟政亦爾既有民權以後不應改有君權故民主之局乃地球萬國古來所未有不獨中國也西人百年以來民氣大伸遂爾浡興中國苟自今日昌明斯義則數十年其強亦與西國同在此百年內進於文明耳故就今日視之則泰西與支那誠有天淵之異其實只有先後並無低昂而此先後之差自地球視之猶旦暮也地球既入文明之運則蒸蒸相逼不得不變不特中國民權之說即當大行即各地土番野猺亦當丕變其不變者即澌滅以至於盡此又不易之理也南海先生嘗言地球文明之運今始萌芽耳譬之有文明百分今則中國僅有一二分而西人已有八九分故常覺其相去甚遠其實西人之治亦猶未也然則先生進種之說至矣匪直黃種當求進也即白種亦當求進也先生又謂何如來書又謂教不可保而亦不必保又曰保教而進則又非所保之本教矣讀至此則據案狂叫語人曰不意數千年閟胡蘆被此老一言揭破不服先生之能言之而服先生之敢言之也國之一統未定羣疑並起天下多才士既已定鼎則黔首戢戢受治薾然無人才矣教之一尊未定百家並作天下多學術既已立教則士人之心思才力皆爲教旨所束縛不敢作他想窒閉無新學矣故莊子束教之言天下之公言也此義也啓超習與同志數人私言之而未敢昌言之若其著論之間每爲一尊之言者則區區之意又有在焉國之強弱悉推原於民主民主斯固然矣君主者何私而已矣民主者何公而已矣然公固爲人治之極則私亦爲人類所由存譬之禁攻寢兵公理也而秦檜之議和不得不謂

之誤國。視人如己。公理也。而赫德之定稅則。不能不謂之欺君。天演論云。克己太深。而自營盡泯者。其羣亦未嘗不敗。然則公私之不可偏用。亦物理之無如何者矣。今之論且無遽及此。但中國今日民智極塞。民情極渙。將欲通之。必先合之。合之之術。必擇衆人目光心力所最趨注者。而擧之以爲的。則可合。既合之矣。然後因而旁及於所擧之的之外。以漸而大。則人易信。而事易成。譬猶民主。固救時之善圖也。然今日民義未講。則無寧先藉君權以轉移之。彼言敎者。其意亦若是而已。此意先生謂可行否。抑不如散其藩籬之所合爲尤廣也。此兩義互起滅於胸中者久矣。請先生爲我決之。南海先生讀大箸後。亦謂眼中未見此等人。如穗卿言傾佩至不可言喩。惟於擇種留良之論。不全以尊說爲然。其術亦微異也。書中之言。啓超等昔嘗有所聞於南海。而未能盡。南海曰。若等無詫爲新理。西人治此學者。不知幾何家。幾何年矣。及得尊著。喜幸無量。啓超所聞於南海有出此書之外者。約有二事。一爲出世之事。一爲略依此書之義。而演爲條理頗繁密之事。南海亦曰。此必西人之所已言也。頃得穗卿書言。先生謂斯賓塞爾之學。視此書尤有進。聞之益埀涎。不能自制。先生盍憐而餉之。以上所復各節。詞氣之間有似飾非者。有似愎諫者。實則啓超於先生愛之敬之。故有所疑。輒欲貢之以自決。不惟非自是之言。抑且非自辨之言也。對燈展紙。意之所及。卽拉雜書之。未嘗屬稿。故不覺言之長。恐有措語不善。類於齗齗致辨也者。不復省察。以負先生厚意。知我愛我如先生。其亦必不以其見疑也。儕輩之中。見有瀏陽譚君復生者。其慧不讓穗卿。而力過之。眞異才也。著仁學三卷。僅見其上卷。已爲中國舊學所無矣。此君前年在都與穗卿同識之。彼時覺無以異於常人。近則深有得於佛學。一日千里。不可量也。並以奉告。啓超近爲說羣一篇。未成。將印之知新報中。實引申諸君子之言。俾涉招衆生有所入耳。本擬呈先生改定。乃付印。頃彼中督索甚急。遂以寄之。其有謬誤。請先生他日具有以教之也。又來書謂時務諸論有與尊意不相比附者尚多。伏乞仍有以詳敎。

與碎佛書（碎佛夏穗卿先生號）

碎佛上座。𩥇駕碌碌。飆忽歲暮。懷我素心。無時可忘。讀致穰書。具悉近狀。云何失館。而棲蕭寺。窮歲客況。聞之悽愴。昨從粵反。忽思西安。遂爾命車游杭數日。行太匆匆。未及拜母。顧聞府閒頗尚安善。夫人無恙。望無遠懷。省書知狀。念兄家計。勉集綿薄。穰卿浩吾各致十金。仲巽及超各致二十。已寄杭中。顧此區區。恐未有濟。季公聞此。想復爲繼。不識何如。今歲以來。儕輩之中。咸稍蘇息。獨君鬱鬱。窮蹙益甚。惟超知君已將漸次入不動地。大法成就。必有因緣。緣雖非一。大抵由困苦患難而斷五欲。始教修行。觀一切苦。雖復善觀。未若身歷。世尊自言。不入地獄。誰入地獄。何以故。地非淤泥。不生蓮花。非五濁世。佛不現故。是以非惟不起猒瞋。亦且常樂五濁地獄。兄之根器。非復一世數十寒暑之所獲。乃從前劫而種善因。雖復如是。小惱大弱。魂爲所牽。誠恐一旦不自割捨。境風熏吹。住位將退。梵天哀愍。現種種集。導種種滅。代除世間種種無常。策君精進。起君迴向。是故當知非特如是。他日無量苦惱。百倍今日。而集君身。何以故。六根我賊。世間一切父母妻子。功業名譽。順適供樂。悉賊黨與。黨與摧落。賊自滅故。衆生迷惑。認賊作子。代賊受苦。若復知者。一切諸苦。皆賊造作。還賊自受。我無與故。凡所陳說。悉皆昔者聞之於君。趙州捧師。亦匪敢避。質諸上座。謂爲何如。超自夏間聞君說法。復次鳫舟演述宗風。頗發大心。異於曩日。亦依君說。略集經論。苦爲賊縛。無從解脫。賊念發時。悼君窮逼。善念發時。羨君自在。想自根淺宿業未盡。故此今世爲佛所棄。唯別以來。頗守戒律。鬼神之運。久致太平。毅公少年豪氣如昔。公度罷使作何安置。顧聞後命。季公到省。僅及一月。卽得山陰名譽隆然。板鴨已見。洋洋得意。鐵樵在鄂。擬民聽報。孺博來滬。襄撰述事。沅帆在湘。張陳爭聘。未定何就。仲巽惰學。無異他時。此子可惜。重伯復生。久不相見。落拓如君。超被伍使苦邀出游。又被南皮欲奪入鄂。悉未應之。將留海上開堂講學。南中情形。略說如是。知念故及。敬承起居。啓超再拜。

丙申臘不盡三日長江舟次

與吳季清書

今試問公生天成佛之說。信其必有乎。抑謂其必無乎。必曰信有哉。欲生天成佛。其道何由。必厭離世間五濁臭穢。脫屣軀殼。修菩薩行。此不二法門也。故以我佛慧力而必現出家身以度衆生。謂學道人固應爾也。公之悲不可解。超無他言。請公讀本行集經太子出家品。彼淨飯王之哀悼。姨母之慘怛。四妃之號踊。諒今日君家亦不過爾耳。人方坐菩提樹下成正覺轉大法輪度一切衆生。而我猶從而號泣之。此奚爲也。雖然。今日與公言而謂鐵樵成佛。公必曰卓如於萬無可解之中作此言以誑我耳。啓超因不敢誑公。亦不欲自誑。啓超固知今日之鐵樵未能言成佛也。雖然。前者之鐵樵吾不知。自其與啓超相識以來。則恆聞其日日昌言有出世間之想。公蓋亦熟聞之矣。今試問公。一旦而鐵樵乘大願誓出家。公其許之乎。如不許也。阻人善行。斷佛種性。公必不爲也。如許之也。則其離父母。棄妻子。辭朋友。舍軀殼。絕五欲。斷萬緣。其有以異於今日之爲乎。遠之觀本行經。近之讀紅樓夢。此中情形可略見矣。今夫鐵樵出家之念不自今日始也。又非彼一人獨也。若穗卿若復生若啓超皆久發此願。苦無機緣耳。鐵樵之未遇機緣。猶吾輩也。彼此次與超同由鄂來。在船上言之詳矣。彼此念視我輩尤堅也。然使其不死。十年之內。亦必將有出家之事。卽彼不能卽出。我輩尙當促之。彼時公又當何如。且使我輩一旦悉遭機緣。同時脫離。公又當何如。公且細思彼時情形。與今日有何分別。顧聞彼則喜。聞此則戚。非學道人所應爾也。今夫佛。甯不知出家之爲苦哉。甯忍奪人之子。奪人之夫。奪人之父。以爲其弟子哉。天下事有聚必有散。有樂必有苦。聚焉而樂。必散焉而苦。久聚焉而大樂。必驟散焉而大苦。猶之昔也。則無取其大苦焉者。故不如斬其久聚之爲得也。今夫聚則何樂矣。天下之苦惱。未有不生於軀殼者。軀殼與軀殼日相處。則苦惱如絲織。日結日深。而不可解。此有家之爲害。超既屢爲公言之。彼死者有何利益勝於我輩。所不敢知。然於此間苦已脫離無量矣。我輩方且力求解脫之法。而甯能以彼之大樂者。爲我之大苦。何其大惑耶。此非尋常達觀勸慰之言。我輩所日日講求者。正復在此。不可忘宗旨耳。鐵樵死時。神氣極淸。一語不亂。雖未敢言生天成佛。然不能謂其於道無所聞矣。公若爲天下惜人才。猶之可也。若爲一人一家之私計也。公當自念軀殼者靈魂之賊。愛渴者業報之報。方將勸公行出家事。而安可以鐵樵之出家爲戚戚乎。若太伯母哀不能釋。吾無可言。今既幸達是矣。而先生反不能以所學自廣。非所敢望也。經云。相愛同結。愛不能離。以是因緣。衆生相續。惡業俱生。窮未來際。可不懼哉。可不懼哉。鐵樵在鄂。附乩傳語。其詞甚詳。由熊秉三帶來。今以寄上。益可見鐵樵之未死也。且其末語。自言樂矣。而我輩從而自苦何爲也。請公讀楞嚴前四卷。反復玩味。務遣癡心。以佛法言之只得謂之癡

說橙

西人之言曰。歐洲之地。上徹至肥。下徹至磽。計其中數。每畝歲產之物。值銀四十七兩。而法國沃衍之菜圃。每畝

歲產有值銀至七千五百兩者。嗚呼。何其盛也。西人又言曰。凡地在離赤道二十至三十度之間者。其所出物與四十至五十度之間者相較。約如六五與三五之比例。吾準是算之。中國每畝歲產之值。其中數約當得九十兩。吾粵人也。所知者粵中再熟之地。用以藝穀。每年值銀中數不過六兩有奇耳。西人又言曰。凡上農之治田也。必察其土宜。而愼擇其所植。同一地也。所植之種爲貴爲賤。其產值之相懸。乃至如一與一百二十之比例。吾以是驗之吾縣植物之大宗者。藝穀之外。曰桑。曰菸葉。曰蒲葵。曰柑橘。曰橙。蓋植柑橘之利。三倍於藝穀。植蒲葵之利。五倍於藝穀。植桑之利。十倍於藝穀云。菸葉之利未得確數新會之橙。天下之所聞也。老農爲余言。植橙之地。凡畝而容百五十株。凡株得橙中數可二百實。一實重率在三四兩之間。略五實而爲一斤。每株年可得四十斤。每畝年可得六千斤。就橙地市橙年年中價每百斤而值九兩。一畝之值。始五百四十兩有奇云。與藝穀相比。其率蓋若一與九十矣。老農請言植橙之費。吾縣瀕海。凡種植家皆築圍以避潮。圍內爲塹。資畜洩焉。此爲第一義。其費每畝爲二兩四錢。犂地爲界。界有小濠。此爲第二義。犂地之費。每畝八錢。開濠如之。買樹爲第三義。每樹一株值銀三分六釐。每畝之費爲五兩四錢。吾縣之田。每年中價二兩四錢。而賃一畝。其初植之第一年。田主重征之。率畝而加三兩焉。此爲第四義。都其總數。初植之第一年。凡畝而費十四兩八錢。一切備矣。橙五年而實。向言畝值五百四十兩有奇者。六年以後之事也。老農又爲余言。田藝穀既久。其土塗於新樹最不利。而番薯最宜。故第一年必植薯。植薯之利。每年可三兩六錢。新樹畏烈日。自第二年至第五年。必間歲植蔗及瓜豆芋栗之屬。以捍蔽之。植蔗之利。年可二十兩。植瓜豆之利。年可十四兩。其視藝穀所獲。已一倍至二倍矣。圍隄內外樹以雜果木。隄外二排。一蒲葵。二水松。隄內三排。荔蕉桃李柏間樹之。塹可以畜魚。濠可以藝禾。橙下餘地可以植蔬。六年以後常年經費賃田之租。每畝二兩四錢。糞田之用。每畝三兩六錢。治田之工。每百畝僅用四人。（惟植橙用工特少橙熟收實時則雇散工耳）每年中價人約十二兩。一切取之於圍隄濠壍所出之物。恢恢然有餘矣。故植橙百畝者。六年以後。可以不費一錢而坐收五萬四千兩之利。盡吾縣可耕之地而植橙。歲入可驟增一萬一千萬。埒國帑矣。余語老農。若胼而手胝而足。終歲勤動。而惟於歲值六兩之穀是藝。舍多就寡。舍逸就勞。抑何傎矣。老農語余。縣官歲以橙貢天子。歲十月。差役大索於野。號爲貢橙。罄所有乃去。百畝之橙。一日盡之矣。故今日新會之橙。將絕於天下。

三先生傳

陸子曰。我雖不識一字。亦須還我堂堂地做個人。啓超始學於南海。即受此義。且誡之曰。識字良易。做人信難哉。又曰若不行仁。則不得爲人。且不得爲知愛同類之鳥獸。小人持此義以學做人七年。而未敢自信也。子絕四。終以無我。佛說無我相。聞之古之定大難。救大苦。建大業。造大福。度大衆者。於其一身之生死利害毀譽苦樂。茫然若未始有覺。而惟皇皇日憂人。於人之生死利害苦樂。憂之如常夫自憂其身也。是之謂仁。是之謂人。憂其親者。謂之孝子。憂其君者。謂之忠臣。憂其國者。謂之義士。憂天下者。謂之天民。墨子謂之任士。佛謂之菩薩行。無所爲而爲之者。謂之安仁。有所爲而爲之者。謂之利仁。學而能者。謂之强仁。天下古今所謂孝子忠臣義士者。亦數數見。大率則利仁强仁。十八九焉。夫既亦仁矣。利焉强焉何害。獨惜論世之士。往往於利焉强焉者。則津津道之。於安焉者。則莫或知之。即聞其名與其行事。亦若以爲無足輕重。置之而已。以吾聞三先生者。其行孔墨之行也。其心佛菩薩之心也。豈嘗有所絲毫求於天下。但率其不忍人之心。乃忘其身之困頓危死。罷焉瘝焉以赴之。倘所爲安仁者邪。三先生皆不識一字。其以視讀書萬卷。著作等身者何如矣。年歲未邈。而知者蓋鮮。三先生甯求知於人哉。然而世有盛德闕而弗道。毋亦士大夫於做人之道。講之未熟也。聞之入其國。聽其輿論。察其所是非。而國之存亡可知矣。此亦天下之憂也。及今弗傳。來者曷述。作三先生傳。

張先生。山東人。佚其名及其縣。少孤。無父母兄弟戚族。數歲卽爲乞兒。日夕乞。或日得十數錢。而先生惟日以兩錢市粗饅自養。積數歲。得餘錢六千。邑有富家某工會計。頗自好。先生踵門長跪乞見。閽者揮之。唾之。不去。予以錢不受。主人畏其訇。謂其亡命也。避不見。先生長跪六日夜。主人計無所出。卒見之。見則長跪請曰。丐者有所求於貴人。貴人必深許我。我將言。富家者曰。若欲乞錢邪。先生曰。丐者非就貴人取錢。乃以錢與貴人。丐者有錢六千。將藏之貴人家。而取其息焉。息則視常加重。一年以後。以爲子母。貴人其許諸。主人畏其訇也。又以其數之無多也。竟許之。先生拜而去。此後乞所獲盈一千。輒持往富人家。如是者十年。所乞及所取息子母相權。幾及百千。先生曰。乃今可以小行吾志矣。邑故瘠陋。就學者尠。先生乃僦老廟爲學堂。招窶人子學焉。聘邑之學士主講授。奉脩脯豐有加。或鄙不願就。先生輒長跪不起。必得請乃已。釋菜之日。治盛饌饗敎師。先生不自爲主人。請邑之搢紳有望於鄉里者陪讌焉。或卻不願往。輒長跪不起。必得請乃已。而先生日以兩錢市粗饅自養如故。邑之人莫不笑先生。然皆審其愿。憐其愚。以故居恆乞錢。與之者頗優異於他日。先生悉寄富家權子母。每三歲。而所權者足一學堂之用。先生乞食至八十歲。成學堂三十餘。其聘敎師。讌搢紳。皆以跪得之。朔日月半。輒詣學堂省視。察其敎師勤者。輒跪拜謝之。或有惰者。則長跪垂淚不起。以故敎師莫不畏先生。靡敢惰者。行之數十年。學堂中受業子弟。彬彬濟濟。掇高第。成通儒。不可勝數。而先生日以兩錢市粗饅自養如故。堂中子弟環先生長跪哭拜。

乞無自苦。而先生如故。

何先生。廣東番禺人。佚其名。膂力絕衆。幼而爲伶。學之劇。有所謂小武者。恆演古豪俠劍客事。先生在某某班。爲小武。以劇名動全粵。粵之俗。督學使初受代。必演劇於使署。三日夜。民間無男女皆得與觀聽。同治間。某學使受代。以故事演某某班。演之第二日。忽不戒於火。粵俗劇場。悉以蒲葵葦葉。及時搆廣篷。篷以左右分男女坐。劇畢而毀之。火既起。烈風乘乾葦。燎不可遏。內地街巷隘狹。人稍擠。輒行不得。火既起。先生躍上女篷。篷之後。故有高牆。牆外有曠地。與篷門不相屬。先生奉篷中女。一一挈而擲之於牆外。是役也。男子死於火者數千人。灰燼狼藉。積爲京觀。慘不可狀。婦女固細弱。又爲纏足所苦。寸膚倩扶。苟無先生。一網盡矣。先生以兩刻之久。拯諸女千餘人。篷中尙有數女未獲拯。而火勢已及。先生儻卽以此時撒手歸去。其功德不已偉邪。而先生衝突烈燄中。卒並此數人者出之。願力既畢。挺然躍身下牆外。而火已著衣髮。及不克自撲滅。竟死。

寇君。直隸昌平州人也。敏穎鯁直。年十五。以奄入宮。事西后爲梳頭房太監。甚見親愛。凡西后室內會計。皆使掌之。少長。見西后所行。大不謂然。屢次幾諫。西后以其少而賤。不以爲意。惟呵斥之而已。亦不加罪。已而爲奏事處太監。一年餘。復爲西后會計房太監。甲午戰敗後。君日憤懣憂傷。形於詞色。時與諸內侍嘆息國事。內侍皆笑之以鼻。乙未十月。西后復專政柄。杖二妃。蓄志廢立。日逼　皇上爲蒲博之戲。又賞　皇上以鴉片煙具。勸　皇上吸食。而別令太監李聯英及內務府人員。在外廷造謠言。稱　皇上之失德。以爲廢立地步。又將大興土木。修圓明園。以縱娛樂。君在內廷。大憂之。日夕皺眉凝慮。如醉如癡。諸內侍以爲病狂。丙申二月初十日早起。西后方垂帳臥。君則流涕長跪榻前。西后揭帳叱問何故。君哭曰。國危至此。老佛爺（宮內人每稱皇帝爲佛爺。西后則加稱老佛爺）卽不爲祖宗天下計。獨不自爲計乎。何忍更縱游樂生內變也。西后以爲狂。叱之去。君乃請假五日歸訣其父母兄弟。出其所記宮中事一冊授其弱弟。還宮則分所蓄與其小太監。至十五日乃上一摺。凡十條。一請太后勿攬政權歸政　皇上。二請勿修圓明園以幽　皇上。餘數條。言者不甚能詳之。大率人人不敢開口之言。最奇者。末一條言今尙無子嗣。請擇天下之賢者立爲皇太子。效堯舜之事。其言雖不經。然皆自其心中忠誠所發。蓋不顧死生利害而言之者也。書旣上。西后震怒。召而責之曰。汝之摺。汝所自爲乎。抑受人指使乎。君曰。奴才所自爲也。后命背誦其詞一徧。后曰。本朝成例。內監有言事者斬。汝知之乎。君曰。知之。奴才若懼死。則不上摺也。於是命囚之於內務府。愼刑司。十七日移交刑部。命處斬。臨刑神色不變。整衣冠。正襟領。望　闕九拜。乃就義。觀者如堵。有感泣者。越日。遂有驅逐文廷式出都之事。君不甚識字。所上摺中之字。體多錯誤訛舛云。同時有王四者。亦西后梳頭房太監。以附　皇上發往軍臺。又有聞古廷者。　皇上之內侍。本爲貢生。雅好文學。甚忠於　上。西后忌之。發往甯古塔。旋殺之。丙申二月。御史楊崇伊劾文廷式。疏中謂廷式私通內侍。聯爲兄弟。卽此人也。楊蓋誤以聞爲文云。論曰。富貴而不仁。不如餓殍。衣冠而不仁。不如優孟。完人而不仁。不如廢疾。三先生者。一匄一伶一閹。豈非世所謂下流之人。而士大夫所羞與爲伍者耶。及其行誼。則士大夫之能之者。何其少也。使天下得千百賢如三先生者。以興新法。何事不舉。以救危局。何難不濟。以厲士氣。何氣不揚。而惜乎士大夫之能之者。無其人也。吾聞日本之勃變法之始。其黨人若松本衡藤本眞金坂本龍馬中山忠光武田山國等數百人。咸有三先生之流風。日本之強。宜哉。

記江西康女士

中國女學之廢久矣。海內之女二萬萬。求其解文義。嫻雕蟲。能爲花草風月之言者。則已如鳳毛如麟角。若稍讀古書。能著述。若近今之梁端氏王照圓氏其人者。則普天率土。幾絕也。今夫彼二子之所能者。則烏得爲學問矣乎。而其寥絕也若此。記曰。人不學不知道。羣二萬萬不知道之人。則烏可以爲國矣。梁啓超持此論以憂天下。鄒凌瀚曰。請言康女士。女士名愛德。江西九江人。幼而喪父母。伶仃無以自養。昊格矩者。美國學士有宦籍者之女公子也。遊歷東方。過九江。見之。愛其慧。憐其窮。挈而西行。時女士纔九齡耳。旣至美。入小學中學。遂通數國言語文字天文地志算法聲光化電繪畫織作音樂諸學。靡所不窺。靡所不習。最後乃入墨爾斯根省之大學。以發念救衆生疾苦因緣故。於是專門醫學。以名其家。學中歲有課。月有試。試而裒然爲舉首者數數矣。西例校中學生卒業將出學。則羣其校之敎習。若他校之敎習。與其地之有司。若他國旅其地之客官等。而集於校。而授成學者以執據。其得此者榮幸視中國之及第。或復過之。墨爾斯根者美國之大都會也。大學中之學生以千計。殊域異種負笈而來者蓋十餘國焉。某歲月日將出學。官師集校中。學生領執據而旅進退者以百計。次及女士。則昂然儵然服中國之服。矩步拾級。冉冉趨而上。實與湖北之石女士俱。石者黃梅人。與康同學相伯仲者也。西人本侮中國。甚謂與土番若。於是二子者進。結束翹然異於衆。所領執據。又爲頭等。彼中所最重也。彼校敎習若他校之敎習其地之有司。若他國之有司。睹此異稟。則皆肅然而起。違位而鞠躬焉。以爲禮。門內門外。十餘國之學徒以千計。觀者如堵牆。則皆拍手讚歎。六種震動。旣畢事。總敎習昌言於衆曰。無謂支那人不足言。彼支那人之所能。

殆非我所能也。若此女士者。與吾美之女作比例。愧無地矣。女士之適美也。其母吳格矩。至是既卒學。復從其母歸於中國。蓋行年僅二十有五云。鄒君友吳格矩。因心識女士。女士無他志念。惟以中國之積弱。引爲深恥。自發大心。爲二萬萬人請命。思提挈而轉圜之。梁啓超曰。海內丈夫。亦二萬萬。其有志於是者。蓋亦希矣。矧乃女子。梁啓超又曰。吾雖未識康女士。度其才力智慧。必無以懸絕於常人。使其不喪父母。不伶仃無以自養。不遇吳格矩。不適美國。不入墨爾斯根大學。則至今必蚩蚩然塊塊然戢戢然與常女無以異。烏知有學。烏知有天下。嗚呼。海內二萬萬之女子。皆此類矣。

戒纏足會敘

眼耳鼻舌手足。受諸天。受諸父母。有一不具。若殘缺者。謂之廢疾。謂之天之僇民。古王之制刑也。爲劓爲刵爲刖。將以天僇僇不肖。以威天下。仁者猶或譏之。惡其傷天而殘人類也。男女中分人數之半。受生於天。受愛於父母。匪有異矣。雖然。人類之初起。以力勝者也。力之最懸絕不相敵。而大勢最易分者。莫如男女。故男子之強悍者相率而倡扶陽抑陰之說。盡普天下之女子。而不以同類相待。是故塵塵五洲。莽莽萬古。賢哲如鯽。政教如海。無一言一事爲女子計。其待女子也。有二大端。一曰充服役。二曰供玩好。由前之說。則豢之若犬馬。由後之說。則飾之若花鳥。稟此二虐。乃生三刑。非洲印度。以石壓首。使成扁形。其刑若黥。歐洲好細腰。其刑若閹。中國纏足。其刑若斮脛。三刑行而地球之婦女無完人矣。纏足不知所自始也。要而論之。其必起於汙君獨夫民賊賤丈夫。苟以恣一日之欲。而敢於冒犯千世之不韙。其行事則商受之剖孕斮涉。其居心則劉鋹之鬬獸戲蛇。以孔教論。所謂作俑其必無後以佛法論所謂地獄正爲此人嗟夫天下事良法每憚於奉行而謬種每易於相襲以此殘忍酷烈輕薄猥賤之事乃至波靡四域流毒千年父母以此督其女舅姑以此擇其婦夫君以此寵其妻齔齒未易已受極刑骨節折落皮肉潰脱創瘍充斥膿血狼藉呻吟弗顧悲啼弗恤哀求弗應嗥號弗聞數月之內杖而不起一年之內舁而後行雖獄吏之尊無此忍心即九世之讎亦報不至是顧乃以骨肉之愛天性之親狥彼俗情爲此荼毒嗚呼可不謂愚人哉可不謂忍人哉昔五季兩宋之間此風雖盛然猶不過教坊樂籍用以飾狐媚博纏頭漦涎所浸禍極今日世胄豪富競相夸尚良家淸裔視爲固然刑戮其所生而不以爲怪倡優其門戶而不以爲恥匪直不可聞於鄰國乃眞所謂失其本心豈人之性惡耶所習者然耳且中國之積弱至今日極矣欲强國本必儲人才欲植人才必開幼學欲端幼學必稟母儀欲正母儀必由女教人生六七年入學之時也今不務所以教之而務所以刑戮之倡優之是率中國四萬萬人之半而納諸罪人賤役之林安所往而不爲人弱也吾聞之春秋之義以力陵人者據亂世之政也若升平世太平世乃無是矣地球今日之運已入升平故陵人之惡風漸銷而天然之公理漸出非洲印度之壓首歐洲之細腰今其地好義之士各合羣力思所以豁去之殆將變矣而吾中國滿蒙舊俗幸未染此后妃崇貴同履依然世祖章皇帝制作之聖人也順治十七年特下制書普諭海隅痛改積習其爲法也其女若婦有抗旨纏足者其父若夫杖八十流三千里大哉王言將救此一方民矣徒以舊汙太深奉行不力沿謬蹈轍仍數百年易曰窮則變變則通通則久於是豪傑之士毅然思所以易之者雖然持藻火以入裸國則濩落而無容懸隻柱以砥横流則力薄而易敗故斯義雖立而丕變爲難順德賴君弼彤陳君默庵今之人傑也鑒此魔習誓救衆生廣集羣才力闢宏會義取易簡例必謹嚴昏姻相通故相攸可無他虞

婦學繼開。則風流將以益廣。振臂一呼。而同志谷應者已數百戶。嗚呼。豈非人心所同然。天理所可信者耶。非常之原。黎民懼焉。及其成就。海內翕如也。三十年後。吾神明之裔。必有二萬萬人。奉兩君而尸祝之者。世之君子。請懸吾言以俟之。

西學書目表序例

余既爲西書提要。缺醫學兵政兩門未成。而門人陳高第梁作霖家弟啓勳。以書問應讀之西書。及其讀法先後之序。乃爲表四卷。札記一卷。示之。滕之以敍曰。大哉。聖人之道。孔子適周求得百二十國寶書。聖祖仁皇帝。御纂數理精蘊。潤色西算。弁諸卷首。高宗純皇帝。欽定四庫總目。凡譯出西書。悉予著錄。先聖後聖。其事不同。其揆若一。嗚呼。溥博宏遠。蔑以加矣。海禁既開。外侮日亟。曾文正開府江南。創製造局。首以譯西書爲第一義。數年之間。成者百種。而同時同文館。及西士之設教會於中國者。相繼譯錄。至今二十餘年。可讀之書。略三百種。昔紀文達之撰提要。謂職方外紀。坤輿圖說等書。爲依仿中國鄒衍之說。夸飾變幻。不可究詰。阮文達之作疇人傳。謂第谷天學。上下易位。動靜倒置。離經畔道。不可爲訓。今夫五洲萬國之名。太陽地球之位。西人五尺童子。皆能知之。若兩公。固近今之通人也。而其智反出西人學童之下。何也。則書之備與不備也。大凡含生之倫。愈愚獷者。其腦氣筋愈粗。其所知之事愈簡。愈文明者。其腦氣筋愈細。其所知之事愈繁。禽獸所知最簡。故虎豹雖猛。人能檻之。野人所知亦簡。故苗黎番回雖悍。人能制之。智愚之分。强弱之原也。今以西人聲光化電農礦工商諸學。與吾中國考據詞章帖括家言相較。其所知之簡與繁。相去幾何矣。兵志曰。知彼知己。百戰百勝。人方日日營伺吾側。纖細曲折。虛實畢見。而我猶枵然自大。偃然高卧。非直不能知敵。亦且昧於自知。坐見侵陵。固其宜也。故國家欲自强。以多譯西書爲本。學者欲自立。以多讀西書爲功。此三百種者。擇其精要而讀之。於世界蕃變之迹。國土遷異之原。可以粗有所聞矣。抑吾聞英倫大書樓所藏書。凡八萬種有奇。今之所譯。直九牛之一毛耳。西國一切條教號令。備哉粲爛。實爲致治之本。富强之由。今之譯出者。何寥寥也。彼中藝術。日出日新。愈變愈上。新者一出。舊者盡廢。今之各書譯成。率在二十年前。彼人視之。已爲陳言矣。而以語吾之所謂學士大夫者。方且詫爲未見。或乃瞠目變色。如不欲信。嗚呼。豈人之度量相越遠耶。抑導之未得其道也。

一譯出各書。都爲三類。一曰學。二曰政。三曰教。今除教類之書不録外。自餘諸書。分爲三卷。上卷爲西學諸書。其目曰算學。曰重學。曰電學。曰化學。曰聲學。曰光學。曰汽學。曰天學。曰地學。曰全體學。曰動植物學。曰醫學。曰圖學。中卷爲西政諸書。其目曰史志。曰官制。曰學制。曰法律。曰農政。曰礦政。曰工政。曰商政。曰兵政。曰船政。下卷爲雜類之書。其目曰游記。曰報章。曰格致總。曰西人議論之書。曰無可歸類之書。

一明季　國初利艾南湯諸君。以明曆見擢用。其所著書。見於天學彙函新法算書者。百數十種。又製造局益智書會等處。譯印未成之書。百餘種。通商以來。中國人著書言外事。其切實可讀者。亦略有數十種。掇拾薈萃。名爲附卷。

一西學各書。分類最難。凡一切政。皆出於學。則政與學。不能分。非通羣學不能成一學。非合庶政不能舉一政。則某學某政之各門。不能分。今取便學者。强爲區別。其有一書可歸兩類者。則因其所重。如行軍測繪。不入兵政。而入圖學。御風要術。不入天學。而入船政。化學衛生論。不入化學。而入醫學。是也。又如電氣鍍金。電氣鍍鎳等書。原可以入電學。脫影奇觀色相留眞照像略法。等書。原可以入光學。汽機發軔汽機必以。汽機新制。等書。原可以入汽學。今皆以入工藝者。因工藝之書無不推本於格致。不能盡取而各還其類也。又如金石識別。似宜歸礦學類。又似宜歸地學類。而皆有不安。故歸之化學。海道圖說。似宜歸地學類。又似宜歸海軍類。而皆有不安。故歸之船政。此等門目。亦頗費參量。然究不能免牽强之誚。顧自七略七錄以至四庫總目。其門類之分合。歸部之異同。通人猶或訾之。聚訟至今未有善法。此事之難久矣。海內君子。惠而敎之。爲幸何如。

一門類之先後。西學之屬。先虛而後實。蓋有形有質之學。皆從無形無質而生也。故算學重學爲首。電化聲光汽等次之。天地人（謂全體學）物（謂動植物學）等次之。醫學圖學全屬人事。故居末焉。西政之屬。以通知四國爲第一義。故史志居首。官制學校政所自出。故次之。法律所以治天下。故次之。能富而後能强。故農礦工商次之。而兵居末焉。農者地面之產。礦者地中之產。工以作之。作此二者也。商以行之。行此三者也。此四端之先後也。船政與海軍相關。故附其後。

一已譯諸書。中國官局所譯者。兵政類爲最多。蓋昔人之論。以爲中國一切皆勝西人。所不如者兵而已。西人敎會所譯者。醫學類爲最多。由敎士多業醫也。製造局首重工藝。而工藝必本格致。故格致諸書。雖非大備。而崖略可見。惟西政各籍。譯者寥寥。官制學制農政諸門。竟無完帙。今猶列爲一門者。以本原所在。不可不購懸其目。以俟他日之增益云爾。

一書目列標撰人名氏。今標譯人不標撰人者。所重在譯也。譯書率皆一人口授。一人筆述。今諸書多有止標一人。原本不兩標。故仍用之名從主人也。

一收藏家最講善本，故各家書目，於某朝某地刻本至爲斷斷，今所列皆新書，極少別本，仍詳列之者，不過取便購讀，與昔人用意微殊。其云在某某書中者，無單行本也。其云格致彙編本、萬國公報本、時務報本，其下不注本數價值者，亦無單行本也。

一古書用卷子本，故標卷數，後世裝潢既異，而猶襲其名，甚無謂也。故今概標本數，不標卷數。

一目錄家皆不著價值，蓋所重在收藏，無須乎此。今取便購讀，故從各省官書局之例，詳列價值。其標若干兩若干錢者，銀價也。其標若干千若干百者，制錢價也。其標若干元若干角者，洋銀價也。製造局、同文館、天津學堂之書，概據原單。其家刻本乃西士自印本，據格致書室單。

一表下加識語，表上加圈識，皆爲學者購讀而設。體例不能雅馴，所不計也。惜所識太略，又學識淺陋，未必得當，耳世之君子，尚救正之。

一附卷所載通商以前之西書，多言天算言教兩門，今除言教之書不著錄外，自餘諸書不能以類別，故以著書人爲別。

一附卷所載中國人言西學之書，搜羅殊隘。其海內通人或有書成而未刻，刻成而鄙人未及見者，當復不少。管窺蠡測，知其孤陋。若夫坊間通行之本，有裨販前人，割裂原籍，以成書者，乃市儈射利之所爲，方聞之士所不屑道，概不著錄，以示謹嚴，非罣漏也。

一中國人言西學之書，以游記爲最多，其餘各種，亦不能以類別。今用內典言人非人、化學家言金非金之例，區爲游記類、非游記類二門。

一近人頗有以譯本之書而歸入自著書之中不標譯字者概爲疏通證明仍入諸譯書表中不援名從主人之例。

一表後附札記數十則乃昔時答門人問之語略言各書之長短及某書宜先讀某書宜緩讀雖非詳盡初學觀之亦可以略識門徑故竊取過而存之之義附見末簡名曰讀書法博雅君子諒無哂之若其蒭蕘之見則略具所著西書提要中此不能多及也。

西學書目表後序

梁啓超曰吾不忍言西學。梁作霖曰子日與人言西學。曷爲不忍言西學。梁啓超曰今日非西學不興之爲患而中學將亡之爲患風氣漸開敵氛漸逼我而知西學之爲急我將興之我而不知人將興之事機之動在十年之間而已今夫守舊之不敵開新天之理也動植各物之遞嬗非墨兩洲之遷移有固然矣中國俗儒拘墟謬瞀之論雖堅且悍然自法越以後蓋稍變矣中日以後蓋益變矣援此推之十年二十年以後其所存者希矣雖然舊學之蠧中國猶附骨之疽療疽甚易而完骨爲難吾嘗見乎今之所論西學者矣彝其語彝其服彝其舉動彝其議論動曰中國之弱由於敎之不善經之無用也推其意直欲舉中國文字悉付之一炬而問其於西學格致之精微有所得乎無有也問其於西政富强之本末有所得乎無有也之人也上之可以爲洋行買辦下之可以爲通事之西奴如此而已更有無賴學子自顧中國實學一無所識乃藉西學以自大囂然曰此無用之學我不爲之非不能也然而希拉（謂希臘拉丁）英法之文亦未上口聲光化電之學亦未寓目而徒三傳束閣論語當薪而揣摩風氣。摭拾影響。盛氣壓人。苟求衣食。蓋言西學者。十人之中。此兩種人幾居其五。若不思補救。則學者日夥。而此類日繁。十年以後。將十之六七矣。二十年以後。將十八九矣。嗚呼。其不亡者幾何哉。雖然中學之不自立。抑有故焉。兩漢之間。儒者通經。皆以經世。以禹貢行水。以洪範察變。以春秋折獄。以詩三百五篇當諫書。蓋六經之文。無一字不可見於用。教之所以昌也。今之所謂儒者。八股而已。試帖而已。律賦而已。楷法而已。上非此勿取。下非此勿習。其得之者。雖八星之勿知。五洲之勿識。六經未卒業。諸史未知名。而靦然自命曰儒也儒也。上自天子。下逮市儈。亦褎然尊之曰儒也儒也。又其上者。箋注蟲魚。批抹風月。旋賈馬許鄭之胯下。嚼韓蘇李杜之唾餘。海內號爲達人。謬種傳爲巨子。更等而上之。則束身自好。禹行舜趨。衍誠意正心之虛論。勦攘彝尊王之迂說。綴學雖多。不出三者。歷千有餘年。每下愈況。習焉不察。以爲聖人之道。如此而已。是則中國之學。其淪陷澌滅。一縷絕續者。不自今日。雖無西學以乘之。而名存實亡。蓋已久矣。況於相形之下。有用無用。應時立見。孰興孰廢。不待言決。然此輩旣舍此無以爲學。此道卽離此無以圖存。嗚呼。豈可言哉。豈可言哉。今夫六經之微言大義。其遠過於彼中之宗風者。事理至賾。未能具言。請言其粗淺者。生衆食寡。爲疾用舒。理財之術盡矣。百姓足。君孰與不足。富國之策備矣。穀與魚鼈不可勝食。材木不可勝用。農務漁務林木之利闢矣。行旅皆欲出於其塗。道路通矣。通功易事。羨補不足。商務興矣。使於四方。不辱君命。乃謂之士。公法之學行矣。以不教民戰。是謂棄之。兵學之原立矣。國人皆曰賢。國人皆曰不可。議院之制成矣。以上僅證之於四書又每事僅舉其一條其詳具於專書 又如春秋之義。議世卿。以伸民權。視西人之貴爵執政。分人爲數等者。何如矣。古之埃及希臘近今之日本皆有分人數等之弊凡國有上議院者皆未免此弊蓋上議院率世族盤踞也英至今未革俄尤甚 疾滅國。疾火攻。而無義戰。視西人之治兵修械。爭城爭地者。何如矣。自餘一切要政。更僕難盡。夫以士無世官之制。萬國太平之會。西人今日所講求之而未得者。而吾聖人於數千年前發之。其博深切明。爲何如矣。然則孔敎之至善。六經之致用。固非吾自祖其敎之言也。不此之務。乃棄其固有之實學。而抱帖括考据詞章之俗陋。謂吾中國之學已盡於是。以此與彼中新學相遇。安得而不爲人弱也。然則奈何。曰讀經讀子讀史三者相須而成。缺一不可。吾請語學者以經學。一當知孔子之爲敎主。二當知六經皆孔子所作。三當知孔子以前有舊敎。如佛以前之婆羅門四當知六經皆孔子改定制度以治百世之書。五當知七十子後學。皆以傳敎爲事。六當知秦漢以後。皆行荀卿之學。爲孔敎之孽派。七當知孔子口說。皆在傳記。漢儒治經。皆以經世。八當知東漢古文經。劉歆所僞造。九當知僞經多摭拾舊敎遺文。十當知僞經既出。儒者始不以敎主待孔子。十一當知訓詁名物。爲二千年經學之大蠹。其源皆出於劉歆。十二當知宋學末流。束身自好。有乖孔子兼善天下之義。請言讀子。一當知周秦諸子有二派。曰孔敎。曰非孔敎。二當知非孔敎之諸子。皆欲改制創敎。三當知非孔敎之諸子。其學派實皆本於六經。四當知老子墨子爲兩大宗。五當知今之西學。周秦諸子多能道之。六當知諸子弟子。各傳其敎。與孔敎同。七當知孔敎之獨行。由於漢武之表章六藝。罷黜百家。八當知漢以後無子書。九當知漢後百家雖黜。而老楊之學。深入人心。二千年實陰受其毒。十當知墨子之學當復興。請言史學。一當知太史公爲孔敎嫡派。二當知二千年政治沿革。何者爲行孔子之制。何者爲非孔子之制。三當知歷代制度。皆爲保王者一家而設。非爲保天下而設。與孔孟之義大悖。四當知三代以後。君權日益尊。民權日益衰。爲中國致弱之根原。其罪最大者。曰秦始皇。曰元太祖。曰明太祖。五當知歷朝之政。皆非由其君相悉心審定。不過沿前代之敝。前代又沿前代之敝。而變本加厲。後代必不如前代。六當知吾本朝制度。有過於前代者數事。七當知讀史以政爲重。俗次之。事爲輕。八當知後世言史裁者。最爲無理。

以上諸義。略擧大概。若其條理。當俟專述。要之舍西學而言中學者。其中學必爲無用。舍中學而言西學者。其西學必爲無本。無用無本。皆不足以治天下。雖庠序如林。逢掖如鯽。適以蠹國。無救危亡。方今四彝交侵。中國微矣。數萬萬之種族。有爲奴之痛。三千年之宗教。有墜地之懼。存亡絶續。在此數年。學者不以此自任。則顛覆慘毒。甯有幸乎。曾子曰。士不可以不宏毅。任重而道遠。仁以爲己任。不亦重乎。死而後已。不亦遠乎。是在吾黨。

西書提要農學總序

論者謂中國以農立國。泰西以商立國。非也。歐洲每年民產進項。共得三萬一千二百二十兆兩。而農田所值。居一萬一千九百三十兆兩。商務所值。僅一千一百二十兆兩。然則歐洲商務雖盛。其利不過農政十分之一耳。稼植之富。美國爲最。每十方里所產。可養人二百。而化學家以爲能盡地力。每十方里所產。可養人至一萬六千。較美國今日所產增十餘倍。而美國所產。較歐洲尙增一倍有餘。然則今日歐洲農政。直萌芽之萌芽耳。中國農政。又遠在歐洲後。如三十四與十二之比例。西人謂設以歐洲尋常農學之法。所產推之中國。每縣每年可增銀七十五萬。推而至一省十八省。當何如耶。推而至十年百年。又當何如耶。況中國去赤道近。日熱厚。雨澤足。同用一法。所獲又可加豐於歐洲。若推而極於盡地力之法。又當何如耶。故中國患不務農耳。果能務農。豈憂貧哉。今之譚治國者。多言强而寡言富。卽言富國者。亦多言商而寡言農。舍本而圖末。無惑乎日卽於貧。日卽於弱也。西人言農學者。國家有農政院。民間有農學會。農家之言。汗牛充棟。中國悉無譯本。祇有農學新法一書。不及三千言。本不能自爲一部。今特立此門。采格致彙編中與農學比附者。益之以明此事爲切要之擧。以俟後之君子續譯鉅編。俾裒然成帙焉。

農會報序

通商數十載。海內之士。抵掌譚洋務者。項相望。綜其言論。不逾兩塗。一曰練兵。以敵外陵。二曰通商。以杜內耗。百廢不舉。而言練兵。平日則購所無之物於人。以糜費。臨事則餽所有之物於人。以資敵。其明效大驗。天下所共聞矣。勸商固今之急圖也。然聞之萬國商務贏絀之率。則恆視出口土貨之多寡爲差。工藝不興。而欲講商務。土產不盛。而欲振工藝。是猶割棄臂脛。而養其指趾。雖有聖藥。終必潰裂。今之言商務者。大率類是也。地球摶摶。百物盰盰。人取其精。以食以居。愚者天陵。智者天媢。雍冀之間。古號天府。兩京三都之所豔述。芳草甘木之所灌聚。今幾不毛焉。紅人宅墨洲數千載。全墨榛莽。舍獸蹄鳥迹外。更無長物。白人取而代之。僅四百年。遂以富庶甲天下。等一地也。而轉移之間。榮瘁霄壤。則地力之盡與不盡也。中國今日動憂人滿。然以地之方積。計其每里所有人數。與歐洲英法德嗹比諸國相比例。其繁盛未彼若也。西國地文學家謂盡地所受日之熱力。每一英里可養至一萬六千人。今以中國之地。養中國之人。充類盡義。其貨之棄於地者。豈可數計。蒙盟各部。奉黑吉各省。青海西藏。苗回各疆。瓊澳各島。其萬里灌莽。未經墾闢者。不必論。即湘鄂腹地。江南天府。閩粵澤國。以余所聞見。其荒而不治之地。所在皆是。烏在其爲人滿也。不寧惟是。即已治之地。亦或淤其溝洫。蕪其隄岸。溉糞無術。擇種不良。地中應有之利。仍十不得五。又烏在其爲人滿也。故西人推算中國今日之地。苟以西國農學新法經營之。每年增款可得六十九萬一千二百萬兩。見李提摩太所著八星之一總論 雖生齒增數倍。豈憂饑寒哉。昔管子輕重之篇。史公貨殖之傳。於種植蓄牧。視爲重圖。子輿氏以好辯聞天下。其言仁政。則必自五畝之桑。百畝之田始。乃至雞豚狗彘。材木魚鼈。靡纖靡巨。津津道之。蓋信乎治天下之第一義。舍是末由也。秦漢以後。學術日趨無用。於是農工商之與士。劃然分爲兩途。其方頒矩步者。麥菽猶懵。靡論樹藝。其服襏襫。役南畝者。不識一字。與犂牛相去一間。安望讀書刱新法哉。故學者不農。農者不學。而農學之統。遂數千年絕於天下。重可慨矣。本會思與海內同志。共講此義。遵麗澤之古訓。儀合羣之公理。起點海上。求友四方。將以興荒漲之墾利。抉種產之所宜。肆化學以糞土疆。置機器以代勞力。志願宏大。條理萬端。經費緜薄。未克具舉。既念發端經始。在開廣風氣。維新耳目。譯書印報。實爲權輿。故遠法農桑輯要之規。近依格致彙編之例。區其門目。約有數端。曰農理。曰動植物學。曰樹藝。（麥果桑茶等品皆歸此類）曰畜牧。（牛羊彘駝蠶蜂等物皆歸此類）曰林材。曰漁務。曰製造。（如酒糖酪醬之類）曰化料。曰農器。曰博議。（海內通人有貽書撰文論農務者皆附印報中謂之博議）月泐一編。布諸四海。近師日本。以考其通變之所由。遠撫歐墨。以得其立法之所自。追三古之實學。保天府之腴壤。其諸務本之君子。或有樂於是歟。

適可齋記言記行序

中國之爲人弱。其效極於今日。而其根伏於數十年以前。西人以兵弱我者一。以商弱我者百。中國武備不修。見弱之道一。文學不興。見弱之道百。西人之始來也。非必欲得地也。滅國也。通商而已。通商萬國之所同也。客邦之利五。而主國之利十。未或以爲害也。害惡在。中國人士處闇室。坐眢井。瞢不知外事。又疲散薾耎。苟欲彌一日之患。而狃於千歲之毒。彼族察是。故相待之道。曰欺曰脅。而我之遇彼也。如叢神與奕秋博。無著不謬。無子不死。一誤再誤。以訖於今。嗚呼。不可謂國有人矣。啓超自十七歲頗有怵於中外强弱之迹。顧鄉處寡學。因檥駕南翔。求所謂豪傑之士周知四國者。所見所聞。其象鞮之流。往往學此爲衣食計。無通識。無遠志。或有宿學清流。銳意新學。然未肄西文。未履西域。未接西士。隔膜影響。如貧子說金。終無是處。蓋怗然概於心者不過數人。顧聞馬君眉叔將十年矣。稱之者一。而謗之者百。殷殷願見。彌有歲年。今秋海上忽獲合并。共晨夕飫言論者十餘日。然後霍然信中國之果有人也。世之謗君者。勿論。其稱君者。亦以爲是嘗肄西文。履西域。接西士而已之人也。自命使以來。可斗量也。吾有以闚君之學。盡西格致之理。導源於希臘。政律之善。肇矩於羅馬。君之於西學也。鑑古以知今。察末以反本。因以識沿革遞嬗之理。通變盛强之原。以審中國受弱之所在。若以無厚入有間。其於治天下。若燭照而數計也。君書未獲見。所見者二種。適可齋記言。適可齋記行。非君特撰之書也。然每發一論。動爲數十年以前談洋務者所不能言。每建一義。皆爲數十年以後治中國者所不能易。嗟夫。使向者而用其言。寧有今日。使今日而用其言。寧有將來。宋殤之於孔父。知而不能用。春秋罪之。是或有天運焉。則更何惑乎謗君者之百其喙以吠聲也。吾請進一言。願君捐慮覃精。爲其所欲爲者。成一家之言。以詔天下。荀卿不云乎。鍥而不舍。金石可鏤。窮極必變。天之道矣。四萬萬之人。寧冥冥以淪胥歟。光緒二十二年九月十日新會梁啓超謹敍